# Muss ein Pony
## eigentlich zum Friseur?

### 3 tolle Wochenprojekte
### zum Thema Tiere

# Impressum

ISBN: 978-3-96046-069-5

**Wochenprojekte Band 5**

Klett Kita GmbH
Rotebühlstr. 77
70178 Stuttgart
Internet: www.klett-kita.de

| | |
|---|---|
| Geschäftsführung: | Silke Wiest, Malte Kullak-Ublick |
| Redaktion | Myriam Bork |
| Autoren und Fotografen | Leah Schäfer, Theresa Schuster, Tina Scherer, Yvonne Wagner, Corinna Weinert |
| Illustration | Anke Dammann, Marina Krämer |
| Gestaltung und Satz | DOPPELPUNKT, Stuttgart |
| Druck | Paper & Tinta, Nadma |

Kontakt
Telefon: 07 11 / 66 72 58 00
Telefax: 07 11 / 66 72 58 22
kundenservice@klett-kita.de

Gedruckt auf chlorfrei gebleichtem Papier.

Für jedes Material wurden Rechte nachgefragt. Sollten dennoch an einzelnen Materialien weitere Rechte bestehen, bitten wir um Benachrichtigung.

Bibliografische Information der Deutschen Nationalbibliothek. Die Deutsche Nationalbibliothek verzeichnet diese Publikation in der Deutschen Nationalbibliografie. Detaillierte bibliografische Daten sind im Internet über http://dnb.d-nb.de abrufbar.

Haftungsausschluss: In den Beiträgen verweisen wir auf Links zu externen Internet-Seiten. Trotz sorgfältiger inhaltlicher Kontrolle schließen wir die Haftung für die Inhalte dieser Seiten aus. Für den Inhalt der externen Internet-Seiten sind ausschließlich deren Betreiber verantwortlich.

Bildnachweis: GettyImages.de
S. 4: andreaskrappweis, marcduf | S. 5: HANSE pictures | S. 10: BassittART |S. 12: Alberto Guglielmi | S. 13: Anders Sellin | S. 14: Rhoberazzi | S. 15: Images Source |S. 16: Peter Cade | S. 18: Catherine Delahaye | S. 19: Janis Apels, wilpunt | S. 20: a4ndreas | S. 21 Image Source| S. 22: igs942 | S. 23: georgeclerk | S. 24: MarkLG1973 | S. 25: adekvat, biscotto87, Cheremuha, Hemera, larryrains| S. 26: luplupme | S. 27: ngaga35, Jamie Garbutt |S. 28: pixinoo, TanyaSid, Okssi68, tuu Sithhikorn | S. 29: SStajic, nata_vkusidey | S. 30: tuu Sithhikorn, 8593, TanyaSid, LauriPatterson, Okssi68, beats3, esemelwe | S. 31: HANSE pictures, Jevtic | S. ewastudio, curtoicurto, beats3 | S. 34: Image Source, cmfotoworks | S. 35: ClarkandCompany, WhitneyLewisPhotography, esemelwe, Bambu Productions |S. 36: leremy | S. 37: Sebastien_B, Allan Baxter | S. 38: 8593, infinityyy, LauriPatterson | S. 39: TopVectors | S. 40: Dar_ria| S. 46: Catherine Delahaye| S. 49: fury123|S. 50: fortise | S. 51: alexei_tm | S. 52: KidStock| S. 54: Sally Anscombez | S. 55: Lusyaya | S. 56: MilaSemenova, FatCamera | S.57: deepblue4you, MirekKijewski | S. 58: Ellende, khmel | S. 61: MilaSemenova | S. 62: FatCamera | S. 63: deepblue4you | S. 64: MirekKijewski | S. 65: Ellende | S. 66: khmel | S. 74: proxyminder, blackjake | S. 76: xalanx, Daniel Milchev |S. 77: mladenbalinovav | S. 78: Anna k | S. 79: schnuddel , alexandrumagurean | S. 81: Image Source | S. 82: grandaded | S. 83: hsvrs | S. 84: Don Farrall | S. 87: SimeonVD | S. 91: DieterMeyrl, Catherine Ledner, temmuzcan | S. 92: Bildvision_AB, Gregory_DUBUS | S. 93: Aleksandr Kuzmin | S. 94: hsvrs

Bildnachweis Cover- und Layoutillustration: Freepik.de/ brgfx, macrovector, Marifdez, rawpixel.com | GettyImages.de/ ieshy, adevkat, saenal78, Kovalov, Afanasia

# Inhaltsverzeichnis

**Vorwort** .......................................................... 4

## Willkommen auf dem Bauernhof! ...................... 7
**Projektorganisation** ...................................... 8
**Tag 1:** Welche Tiere leben auf dem Bauernhof? ............. 10
**Tag 2:** Die Kuh ............................................. 12
**Tag 3:** Das Schwein ........................................ 14
**Tag 4:** Das Schaf .......................................... 16
**Tag 5:** Das Huhn .......................................... 18
*Material* .................................................... 20

## Tierisch was los! ....................................... 43
**Projektorganisation** ...................................... 44
**Tag 1:** Geliebte Vierbeiner – unsere Haustiere .............. 46
**Tag 2:** Das Katzen-Angel-Spiel ............................. 48
**Tag 3:** Besuch im Tierheim ................................. 50
**Tag 4:** Ein Aquarium für den Gruppenraum .................. 52
**Tag 5:** Das ist mein Haustier .............................. 54
*Material* .................................................... 56

## Summ, summ, summ, Bienchen summ herum ........ 71
**Projektorganisation** ...................................... 72
**Tag 1:** Die Honigbiene ..................................... 74
**Tag 2:** Der Bienenstaat .................................... 76
**Tag 3:** Bienen auf Futtersuche ............................. 78
**Tag 4:** Rund um den Honig ................................. 80
**Tag 5:** Die wilden Verwandten der Honigbienen ............. 82
*Material* .................................................... 84

# Liebe Leserinnen und Leser,

**von gemeinsamen Spaziergängen kennen Sie das sicher:** Alle paar Meter bleibt ein Kind stehen, weil da ein Spinnchen, ein Käfer, eine Biene oder ein Vogel sitzt und ausgiebig betrachtet werden will. Auch wenn die Nachbarskatze durch den Kita-Garten streunt ist die Begeisterung groß. Alles, was läuft, krabbelt und fliegt ist für Kinder interessant.

Naturbegegnungen aller Art vermitteln Kindern einen positiven Umgang mit der Umwelt. Und doch sind Tiere etwas Besonderes, denn im Gegensatz zu Blättern, Kastanien & Co zeigen sie sehr deutliche Reaktionen auf das Verhalten von Kindern: Wenn man laut lachend auf die Katze zuspringt, dann rennt sie womöglich ganz schnell wieder weg.
Die Kinder lernen, vorsichtig auf andere zuzugehen und achtsam eine Beziehung und Vertrauen aufzubauen. Empathie und Geduld, Respekt und Verantwortung für andere sind Stärken, die wir aus dem Umgang mit Tieren mitnehmen können.

Tiere sind wichtige Impulsgeber für eine Vielzahl von Lernprozessen und wirken sich positiv auf die Entwicklung der Kinder aus. Sie regen ganzheitlich alle Sinne an, erfüllen das Bedürfnis der Kinder nach Nähe und Zuneigung und haben sogar einen Einfluss auf die Gesundheit: Wer sich in der Nähe von Tieren aufhält, dessen Puls sinkt. Die pure Anwesenheit eines Tieres beruhigt also. Und doch kann nicht jeder ein Haustier halten. Den Kindern Begegnungen mit Tieren zu ermöglichen ist daher ein wichtiger Bestandteil der alltäglichen pädagogischen Arbeit – sei es beim Spaziergang im Wald oder auf dem Bauernhof.

# Noch ein paar Worte zu diesem Buch ...

Bauernhoftiere, Haustiere und Bienen stehen in diesem Buch im Vordergrund. Die Kinder erfahren nicht nur alles Wissenswerte über die Lebensgewohnheiten und Bedürfnisse der Tiere, sondern begegnen ihnen, berühren und beobachten sie. Durch das direkte Erleben werden sie für die Tiere sensibilisiert. Außerdem setzen sie sich kreativ mit ihnen auseinander, spielen Spiele rund um Hühner, Meerschweinchen und Katzen, fertigen ein Tierlexikon an und vieles mehr.

**Führen Sie die drei Erlebnisprojekte am Stück durch oder verteilen Sie die Projekte über das Jahr, greifen Sie einzelne Tage heraus oder nutzen Sie die Ideen in diesem Buch einfach mal zwischendurch – unsere Angebote richten sich ganz nach Ihnen und den Interessen Ihrer Kinder!**

Das Wochenprojekte-Team wünscht Ihnen und Ihren Kindern viele schöne Momente mit Tieren!

## Diese drei Projekte warten auf Sie:

*1.* Wo kommt eigentlich unsere Milch her? Bauernhöfe spielen in unserem Leben eine entscheidende Rolle – egal, ob wir in der Stadt oder auf dem Land leben. In der 1. Projektwoche lernen die Kinder daher Kühe, Schweine & Co kennen.

*2.* Ein Haustier kann der beste Freund sein. Das sagt eigentlich schon aus, wie wertvoll das Zusammenleben mit Tieren sein kann. Die 2. Projektwoche dreht sich daher ganz um die beliebtesten Haustiere.

*3.* Summ, summ, summ – Im 3. Projekt entdecken die Kinder die Welt der Bienen: Sie erfahren alles Wichtige über Königinnen und Arbeiter, Pollen und Honig, Bienenstöcke und die wild lebenden Artgenossen.

# Willkommen auf dem Bauernhof!

## Kühe, Schweine & Co kennenlernen

Für Kinder ist der Bauernhof ein spannender Ort, denn hier gibt es unglaublich viel zu entdecken. Vor allem die Tiere sind faszinierend. Vielleicht haben die Kinder zuhause auch Tiere, aber wer hat schon eine Kuh im Garten stehen?

In dieser Projektwoche beschäftigen sich die Kinder mit den in Deutschland am häufigsten gehaltenen Bauernhoftieren: Kühe, Schweine, Schafe und Hühner. Bei einem Besuch auf dem Bauernhof erleben sie die Tiere hautnah: Wie macht die Kuh? Wie flauschig ist ein Schaf? Und was hat das Schwein eigentlich für eine witzige Nase?

## Auf einen Blick

| | |
|---|---|
| **Alter** | 4 bis 6 Jahre |
| **Zeit** | 1 Woche, täglich 1 bis 3 Stunden |
| **Gruppe** | 8 bis 12 Kinder |
| **Ort** | Kita, Bauernhof |
| **Vorbereitung** | Besuch auf dem Bauernhof vorbereiten, Materialien besorgen, Eltern informieren |
| **Bildungsziele** | ✗ Tiere, ihre Lebensweise und ihren Lebensraum kennenlernen |
| | ✗ Produkte der Tiere kennen und schätzen lernen |
| | ✗ Bewusstsein für die Bedeutung der Bauernhoftiere und für die Tierhaltung schaffen |

## Projektplanung

Am ersten Projekttag ist ein Besuch auf dem Bauernhof geplant. Vereinbaren Sie einen Besuchs-termin auf einem Bauernhof in der Nähe und informieren Sie die Eltern rechtzeitig, damit jedes Kind entsprechende Kleidung trägt: Matschhose, Gummistiefel…
Eine kleine Bauernhof-Bibliothek rundet die Projektwoche ab. Richten Sie eine Bücherkiste zum Thema mit Bauernhof- und Tierbüchern aus Ihrem Fundus oder der Bücherei ein.

## Portfolio-Tipp

Welches Bauernhoftier hat den Kindern am besten gefallen? Ihr Lieblingstier können sie in der Portfolio-Vorlage (M 16) verewigen! Machen Sie während der Projektwoche und vor allem am ersten Tag viele Fotos von den Kindern und den Tieren.

## Wochenplan

### Tag 1
**Welche Tiere leben auf dem Bauernhof?**   Dauer: 3 Stunden
einen Bauernhof besuchen

### Tag 2
**Die Kuh**   Dauer: 2 Stunden
Kühe kennenlernen, Frischkäse herstellen

### Tag 3
**Das Schwein**   Dauer: 1 Stunde
Schweine kennenlernen, Fingerspiele durchführen

### Tag 4
**Das Schaf**   Dauer: 3 Stunden
Schafe kennenlernen, Wolle waschen, kämmen und spinnen

### Tag 5
**Das Huhn**   Dauer: 1 Stunde
Hühner kennenlernen, Gruppenspiele spielen

## Material

**M 1: Tiere auf dem Bauernhof**
Anschauungsbilder ● Seite 20

**M 2: Das Lämmchen springt**
Kreisspiel ● Seite 24

**M 3: Wem gehören die Fußspuren?**
Kopiervorlage für ein Rätsel ● Seite 25

**M 4: Die Tiere sind weg!**
Bauernhofspiele ● Seite 26

**M 5: Die Kuh**
Steckbrief ● Seite 27

**M 6: Frischkäse selbst gemacht**
Rezept ● Seite 29

**M 7: Was bringt uns die Kuh?**
Kopiervorlage für ein Rätsel ● Seite 30

**M 8: Das Schwein**
Steckbrief ● Seite 31

**M 9: Viele kleine Schweinchen**
zwei Fingerspiele ● Seite 33

**M 10: Das Schaf**
Steckbrief ● Seite 34

**M 11: Watteschäfchen**
Bastelanleitung ● Seite 36

**M 12: Das Huhn**
Steckbrief ● Seite 37

**M 13: Wenn die Henne einmal streikt**
Klatschreim ● Seite 39

**M 14: Der Eierdieb und der Fuchs**
Spiele rund ums Huhn ● Seite 40

**M 15: Info für die Eltern** ● Seite 41

**M 16: Portfolio** ● Seite 42

## Tag 1 — Welche Tiere leben auf dem Bauernhof?

### Mitgeliefertes Material

✗ Tiere auf dem Bauernhof – Anschauungsbilder (M 1)
✗ Das Lämmchen springt – Kreisspiel (M 2)
✗ Wem gehören die Fußspuren? – Rätsel (M 3)
✗ Die Tiere sind weg! – Bauernhofspiele (M 4)
✗ Steckbriefe der Tiere (M 5, M 8, M 10, M 12)

### Zusätzliches Material

✗ Tuch (für M 4)

### Vorbereitung

Heute geht es auf den Bauernhof! Packen Sie alles ein, was für einen Ausflug notwendig ist.
Die Kinder sollten mit Gummistiefeln und Matschhosen ausgerüstet sein.
Kopieren Sie das Rätsel (M 3) für jedes Kind. Auch die Bilder (M 1) können Sie kopieren und
laminieren.
Alles Wissenswerte über die Tiere finden Sie in den jeweiligen Steckbriefen (M 5, M 8, M 10, M 12).

### Durchführung

#### Einstimmung: Das Lämmchen springt im Morgenkreis

Als Einstieg in die Bauernhof-Woche spielen Sie mit den Kindern das Morgenkreisspiel *Das Lämmchen
springt* (M 2). Wenn die Kinder das Spiel mögen, können Sie jeden Morgen in der Projektwoche damit
starten. Erzählen Sie den Kindern anschließend, dass die Gruppe heute einen Bauernhof besuchen wird.

#### Willkommen auf dem Bauernhof!

Am ersten Projekttag geht es darum,
die Kinder an das Thema *Tiere auf dem
Bauernhof* heranzuführen. Das geht
natürlich am besten mit echten Tieren.
Lassen Sie die Kinder die Tiere daher
ganz genau beobachten. Stehen Sie für
Fragen bereit und geben Sie Impulse.
Wie machen die Tiere? Wie verhalten
sie sich? Was fällt den Kindern auf?
Beim Betrachten der Tiere sprechen Sie
auch darüber, wie die Tiere leben (wann
sind sie drinnen und wann draußen etc.)
und was sie fressen. Die Vertiefung
erfolgt in den kommenden Projekttagen
(d. h., welche Tiere fressen Gemüse,
Obst, Getreide, Gras, Heu, Insekten und
andere kleine Tiere).

### Alternative: Bauernhof im Gruppenraum

Falls ein Bauernhofbesuch nicht möglich ist, arbeiten Sie einfach mit den mitgelieferten Tierbildern (M 1). Besprechen Sie mit den Kindern, welche Tiere auf dem Bauernhof leben. Hat ein Kind schon mal eine echte Kuh gesehen? Vielleicht hält eine Familie ja auch Hühner im Garten.

### Abschluss: Bauernhofspiele

Beenden Sie den Projekttag mit den beiden Spielen aus M 4 – entweder noch auf dem Bauernhof oder im Gruppenraum.
Die Kinder können auch noch das Tierspurenrätsel (M 3) ausfüllen.

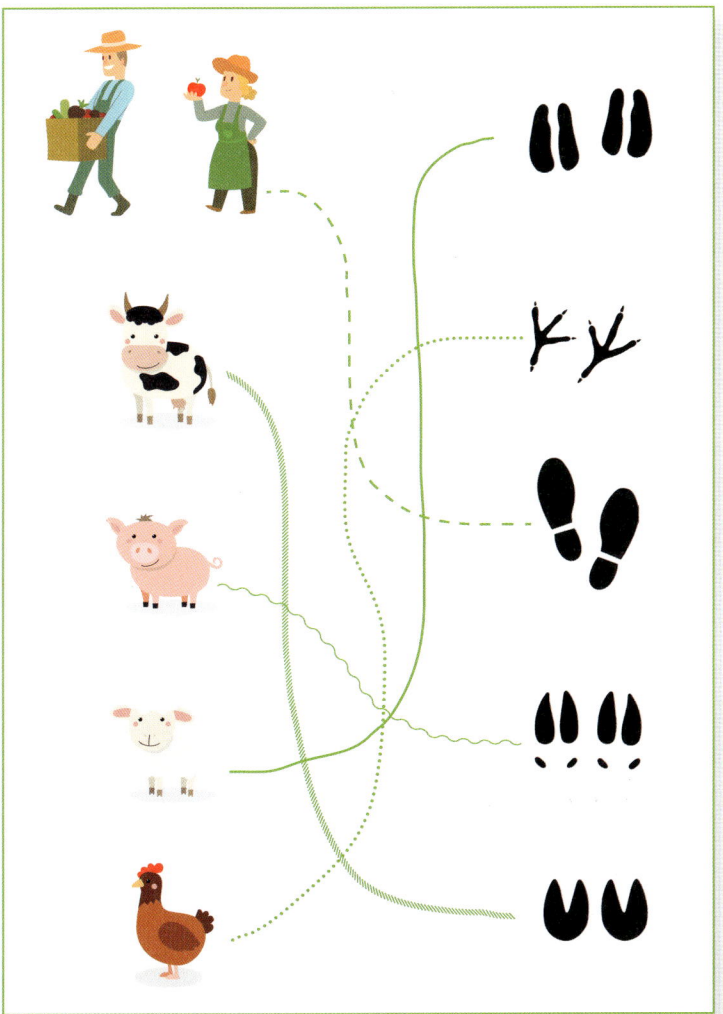

## Bildungsbereiche

- ☑ Soziales Lernen und Religion
- ☐ Kreativität und Musik
- ☑ Mathematik und Naturwissenschaft
- ☑ Sprache und Kommunikation
- ☑ Körper und Bewegung

## **Tag 2** Die Kuh

### Mitgeliefertes Material

- ✗ Tiere auf dem Bauernhof – Anschauungsbilder (M 1)
- ✗ Das Lämmchen springt – Kreisspiel (M 2)
- ✗ Die Kuh – Steckbrief (M 5)
- ✗ Frischkäse selbst gemacht – Rezept (M 6)
- ✗ Was bringt uns die Kuh? – Kopiervorlage für ein Rätsel (M 7)

### Zusätzliches Material

- ✗ die Zutaten und Materialien aus M 6
- ✗ Milchprodukte aus dem Supermarkt (Milch, Butter, Joghurt, verschiedene Käsesorten…)

### Vorbereitung

Besorgen Sie die benötigten Materialien und kopieren Sie das Rätsel (M 7) für jedes Kind.

### Durchführung

#### Einstimmung: Wir sprechen über die Kuh

Heute wollen wir mehr über einen der Bauernhofbewohner erfahren! Zeigen Sie den Kindern das Bild der Kuh (M 1) und fragen Sie die Kinder, was sie schon alles über Kühe wissen. Was haben sie auf dem Bauernhof beobachten können?

Ergänzen Sie noch das Wissen aus dem Steckbrief (M 5) und zeigen Sie den Kindern die Bilder. Gehen Sie dann darauf ein, welche Funktion die Kuh für uns Menschen hat: Sie liefert Fleisch und Milch, die getrunken und zu verschiedenen Produkten wie Butter, Joghurt, Käse und Sahne weiterverarbeitet wird. Außerdem nutzen wir ihre Haut für die Herstellung von Lederprodukten.

Mit dem Rätsel (M 7) können die Kinder das Kuh-Wissen noch einmal wiederholen.

### Butter, Milch und Joghurt – alles von der Kuh

Lassen Sie die Kinder die verschiedenen Milchprodukte probieren, die Sie aus dem Supermarkt mitgebracht haben. Für Kinder mit Milchzuckerunverträglichkeit gibt es laktosefreie Alternativen. Was mögen die Kinder am liebsten? Dass die Milch von der Kuh kommt, wissen sie ja nun – doch wie werden die Produkte hergestellt? Frischkäse kommt nämlich keineswegs einfach nur aus dem Supermarkt. Wie man selbst Frischkäse herstellen kann, erfahren die Kinder mit dem Rezept aus M 6.

## GUT ZU WISSEN

**Butter** ist ein **Streichfett**, das aus dem **Rahm** der Milch hergestellt wird. Die **Buttermilch** ist ein **Abfallprodukt**, das bei der Gewinnung von Butter entsteht. Den **fetthaltigen** Teil der Milch, der sich auf natürliche Weise absetzt, nennt man **Sahne**. **Käse** wird fast immer durch das **Gerinnen** von **Eiweiß** gewonnen durch **Zugabe** von **Bakterien** oder Lab. Es gibt verschiedene **Käsegruppen**, z. B.: Frischkäse, Hartkäse, Schnittkäse, Weichkäse. Auch **Joghurt** entsteht durch Zugabe von **speziellen Bakterien**.

## Bildungsbereiche

- ☐ Soziales Lernen und Religion
- ☐ Kreativität und Musik
- ☑ Mathematik und Naturwissenschaft
- ☑ Sprache und Kommunikation
- ☐ Körper und Bewegung

## Tag 3 — Das Schwein

### Mitgeliefertes Material

- ✗ Tiere auf dem Bauernhof – Anschauungsbilder (M 1)
- ✗ Das Lämmchen springt – Kreisspiel (M 2)
- ✗ Das Schwein – Steckbrief (M 8)
- ✗ Viele kleine Schweinchen – zwei Fingerspiele (M 9)

### Vorbereitung

Lesen Sie sich im Vorfeld einmal die Fingerspiele (M 9) durch und halten Sie den Steckbrief (M 8) bereit. Wenn Sie am Folgetag mit den Kindern Rohwolle zu Strickwolle waschen und kämmen wollen, können Sie heute schon mit dem Waschen beginnen und die Wolle über Nacht trocknen lassen (siehe Tag 4).

### Durchführung

#### Einstimmung: Wir sprechen über das Schwein

Am heutigen Projekttag ist das Schwein dran. Zeigen Sie den Kindern wieder das Bild von dem Schwein und lassen Sie sie erzählen. Woran erinnern sich die Kinder noch von dem Besuch auf dem Bauernhof? Wie klingt ein Schwein?

Ergänzen Sie noch das Wissen aus dem Steckbrief (M 8) und zeigen Sie den Kindern die Bilder.

Als Nutztier hat das Schwein eine große Bedeutung für uns Menschen. Mit knapp 40 kg pro Kopf essen die Deutschen vom Schwein am meisten Fleisch. Zum Vergleich: etwa 12 kg Geflügel, 9 kg Rind und fast 1 kg Schaf und Ziege isst jeder Deutsche im Durchschnitt.

### GUT ZU WISSEN

Mythen über das Schwein gibt es viele. Und die meisten sind nicht wahr. So sind Schweine z. B. sehr saubere Tiere und achten darauf, ihre Schlafplätze nicht zu verunreinigen – wenn sie genug Platz haben. Sie suhlen sich zwar von Herzen gerne ausgiebig im Schlamm, doch das hat einen ganz praktischen Zweck. Der Schlamm wirkt wie eine Sonnencreme und schützt die sensible Haut vor Sonnenbrand. Und es kühlt ab. Schweine können nämlich nicht schwitzen. Den trockenen Schlamm rubbeln die Schweine dann an einem Baumstamm oder Zaunpfosten wieder ab. Dadurch werden sie unliebsame Stechmücken und andere Krabbeltiere los. Das tut gut – Schweine sind nämlich richtige Genießer! Sie essen und spielen gerne, sind sehr sozial veranlagt und ziemlich intelligent. Den schlechten Ruf haben die Schweine also völlig zu Unrecht!

### Viele kleine Schweinchen – Fingerspiele

Spielen Sie gemeinsam mit den Kindern
zum Abschluss die beiden Fingerspiele
zu den Schweinchen (M 9).

## GUT ZU WISSEN

Die Kinder haben bestimmt ein Sparschwein – doch was
hat das Schwein eigentlich mit Sparen zu tun? Das Schwein galt
früher als Glücksbringer, war ein Symbol für Fruchtbarkeit und ein
untrügliches Zeichen für Wohlstand. Wer eins hatte, konnte sich glück-
lich schätzen: Nicht umsonst heißt es **Schwein gehabt**. Ein Schwein zu besitzen und viel Geld zu haben ist also fast das gleiche. Und: Wie das
Schwein mit Futter gefüttert werden muss, müssen sehr viele Mün-
zen in das Sparschwein wandern, damit es dick und rund wird.
In Frankreich kennt man übrigens Eichhörnchen als
Spardose – weil es Vorräte anlegt, um über
den Winter zu kommen.

## Bildungsbereiche

- ☐ Soziales Lernen und Religion
- ☑ Kreativität und Musik
- ☑ Mathematik und Naturwissenschaft
- ☑ Sprache und Kommunikation
- ☐ Körper und Bewegung

# Tag 4 · Das Schaf

## Mitgeliefertes Material

- ✗ Tiere auf dem Bauernhof – Anschauungsbilder (M 1)
- ✗ Das Lämmchen springt – Kreisspiel (M 2)
- ✗ Das Schaf – Steckbrief (M 10)
- ✗ Watteschäfchen – Bastelanleitung (M 11)

## Zusätzliches Material

- ✗ Gegenstände aus Wolle: Pulli, Schal, Mütze...
- ✗ ungereinigte Schafwolle
- ✗ 1 große Wanne oder Eimer
- ✗ 1 altes Bettlaken
- ✗ Kämme, Bürsten oder Karden für die Kinder
- ✗ Holzspulen oder Spindeln oder Bleistifte für die Kinder

## Vorbereitung

Besorgen Sie die benötigten Materialien, um Rohwolle zu waschen und zu spinnen. Legen Sie Gegenstände aus Wolle (Pullis, Schals, Mützen etc.) bereit. Da das Waschen der Wolle recht lange dauert, können Sie damit auch schon am Vortag beginnen.

## Durchführung

### Einstimmung: Wir sprechen über das Schaf

Wie an den zwei vergangenen Tagen sprechen Sie heute mit den Kindern über ein weiteres Bauernhoftier: das Schaf. Zeigen Sie das Bild und gehen Sie wie am zweiten und dritten Projekttag vor. Verwenden Sie dafür den Steckbrief (M 10).

### Vom Schaf zur Strickwolle

Das Fell der Schafe nutzen wir für die Herstellung von Wolle. Zeigen Sie den Kindern die Wollkleidungsstücke, die Sie ausgesucht haben. Wolle kann man als fertige Knäuel kaufen, aber auch selbst herstellen – das probieren die Kinder heute aus!

### GUT ZU WISSEN

Schafe haben ein beeindruckendes Talent. Sie sind wahre Experten was Gesichter angeht. Man hat herausgefunden, dass Schafe sich die Gesichter von Menschen und bis zu 50 anderen Schafen einprägen und zwei Jahre merken können. Wenn Sie Schafe in der Nachbarschaft haben, ist es also gut möglich, dass sie Sie wiedererkennen!

### Tipp

Wenn Sie nur eine kurze Kreativaktion durchführen wollen, können die Kinder auch einfach mit etwas Watte die Schäfchen aus M 11 gestalten.

### 1. Schritt: Grob reinigen

Da Rohwolle noch ziemlich dreckig, fettig und verfilzt ist, muss sie erstmal ordentlich gereinigt werden. Als erstes wird die Wolle grob sauber gemacht. Die Kinder zupfen ein Stück Wolle auseinander und entfernen alle groben Schmutzteile und Filzstellen.

### 2. Schritt: Waschen

Füllen Sie lauwarmes Wasser in einen großen Eimer. Legen Sie die Schafwolle hinein, bis sie ganz mit Wasser bedeckt ist. Drücken Sie dabei nicht. Die Wolle sollte locker schwimmen.
Nun muss die Wolle etwa 1 Stunde im Wasser liegen. Dabei sollte das Wasser nicht abkühlen, damit sich das Wollfett aus den Fasern löst. Am besten stellen Sie den Eimer in die Sonne oder neben die Heizung. Schütten Sie es dann aus und füllen Sie frisches, warmes Wasser nach. Legen Sie das Wollstück wieder hinein. So fahren Sie fort, bis die Wolle sauber ausgewaschen ist.

### 3. Schritt: Trocknen

Anschließend legen Sie das Wollstück auf das Betttuch in die Sonne oder in die Nähe einer Heizung (zum Beispiel auf einen Wäscheständer). Ist die Wolle trocken, können die Kinder weiterarbeiten. Sie zupfen noch einmal alles aus der Wolle, was nicht hineingehört.

### 4. Schritt: Kardieren

Jetzt müssen die Fasern in eine Richtung gekämmt werden, man nennt das Kardieren. Eine Karde ist aber für dieses Ausprobieren nicht unbedingt nötig. Die Kinder können mit alten Haarbürsten und Kämmen arbeiten. Sie legen sich ein Stück Wolle auf den Schoß und bearbeiten es vorsichtig. Dabei beginnen sie am Rand des Stücks und arbeiten sich langsam nach innen vor. Allerdings kämmen sie immer von innen nach außen, ähnlich wie beim Kämmen verfilzter Haare (beginnend bei den Haarspitzen aber immer vom Kopf weg kämmen).

### 5. Schritt: Spinnen

Um die Wolle zu spinnen, ziehen die Jungen und Mädchen etwas Wollfaser aus dem Stück heraus und drehen es gleichzeitig. Diese Dreh- und Ziehbewegung führt dazu, dass ein dünner, gedrehter Faden entsteht. Den Faden wickeln die Kinder auf eine Spule, ein Stück Holz oder einen alten Stift. Reißt der Faden beim Ziehen und Drehen, zupfen sie ihn etwas locker auseinander. Sie zupfen ein neues Stück aus dem Wollflies und drehen die beiden Enden ineinander.
Die Kinder entwickeln meist viel Ausdauer dabei, einen möglichst langen Faden zu spinnen.

## Bildungsbereiche

- ☐ Soziales Lernen und Religion
- ☑ Kreativität und Musik
- ☑ Mathematik und Naturwissenschaft
- ☑ Sprache und Kommunikation
- ☐ Körper und Bewegung

## Tag 5 — Das Huhn

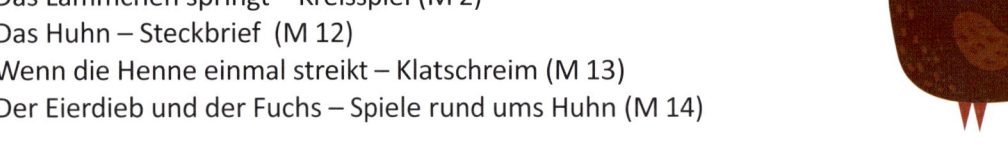

### Mitgeliefertes Material

- ✗ Tiere auf dem Bauernhof – Anschauungsbilder (M 1)
- ✗ Das Lämmchen springt – Kreisspiel (M 2)
- ✗ Das Huhn – Steckbrief (M 12)
- ✗ Wenn die Henne einmal streikt – Klatschreim (M 13)
- ✗ Der Eierdieb und der Fuchs – Spiele rund ums Huhn (M 14)

### Zusätzliches Material

- ✗ die Materialien für M 14

### Vorbereitung

Lesen Sie im Vorfeld den Klatschreim (M 13) durch und halten Sie den Hühner-Steckbrief bereit.

### Durchführung

#### Einstimmung: Wir sprechen über das Huhn

Am letzten Tag sprechen Sie mit den Kindern über das Huhn. Gehen Sie dabei genauso vor wir an den übrigen Projekttagen.

#### Spiele rund ums Huhn

Spielen Sie mit den Kindern die drei Huhn-Spiele und den Klatschreim von der streikenden Henne.

### GUT ZU WISSEN

Dummes Huhn? Weit gefehlt! Hühner haben ziemlich viel auf dem Kasten. Sie können sich zum Beispiel die Gesichter von über 100 Artgenossen merken und Menschen erkennen. Das ist ziemlich wichtig, denn Hühner haben eine ausgeprägte Hackordnung. Jedes weiß wo es steht und welches Huhn das Sagen hat. Sie schließen aber auch sehr enge Freundschaften und sind generell sehr soziale Tiere. Außerdem ist ihre Welt ganz schön bunt: Sie sehen alle Farben und sogar ultraviolettes Licht und Schillerfarben. Das können wir Menschen nicht. Aber genau wie wir Menschen mit unserem Nachwuchs, gackern Hennen mit ihren Küken schon während sie noch im Ei sind und bringen ihnen dadurch Laute bei.

### Ausklang: Tiere auf dem Bauernhof

Sprechen Sie mit den Kindern zum Abschluss noch einmal über die Projektwoche. Was hat ihnen besonders gut gefallen? Gibt es eine witzige Geschichte vom Bauernhofbesuch, die ein Kind nochmal erzählen will?

Jedes Kind kann sein Lieblingstier in die Portfolio-Vorlage (M 16) malen. Wenn Sie während der Woche Fotos geschossen haben, können die Kinder sie gemeinsam im Gruppenraum aufhängen. Das ist auch für die Eltern schön.

**Tipp**

Sprechen Sie zum Abschluss mit den Kindern auch darüber, wie man mit Tieren umgehen sollte. In der Projektwoche haben sie erfahren, wie wichtig Schweine, Kühe, Hühner und Schafe zwar für uns Menschen als Nutztiere sind – sie sind aber auch Lebewesen, die mit Respekt behandelt werden müssen. Sie sollten nicht gequält werden oder wegen uns Menschen leiden. Fleisch, Eier und Milchprodukte aus Massentierhaltung zu beziehen, ist nicht nur nicht artgerecht, sondern verstärkt auch das vom Menschen verursachte Tierleid.

## Bildungsbereiche

- ☑ Soziales Lernen und Religion
- ☑ Kreativität und Musik
- ☑ Mathematik und Naturwissenschaft
- ☑ Sprache und Kommunikation
- ☑ Körper und Bewegung

# Tiere auf dem Bauernhof

Anschauungsbilder

# Tiere auf dem Bauernhof
Anschauungsbilder

# Tiere auf dem Bauernhof

## Anschauungsbilder

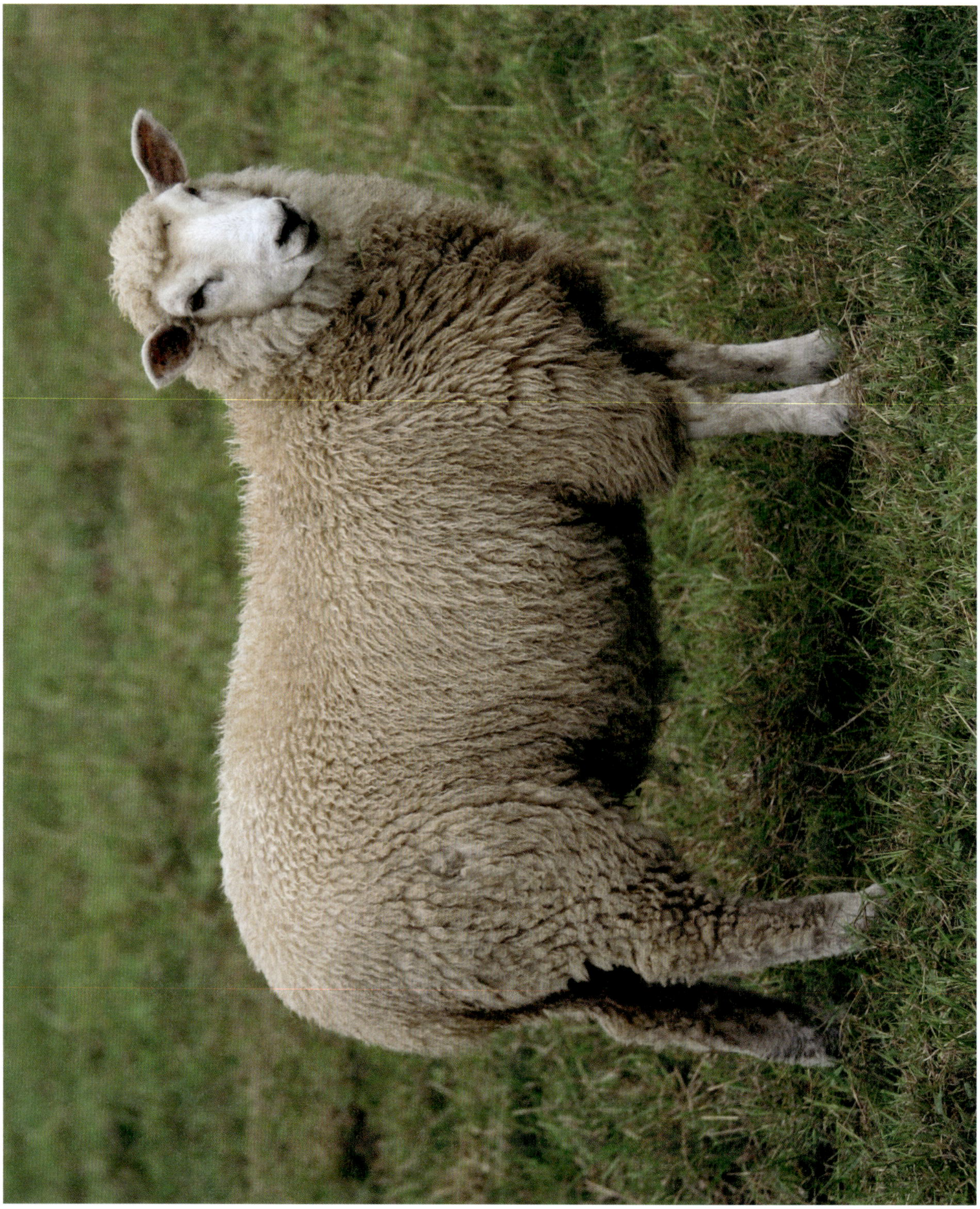

# Tiere auf dem Bauernhof
Anschauungsbilder

# Das Lämmchen springt
## Kreisspiel

**1**

Ein Lämmchen springt
durch unsern Kreis
und nimmt ein andres mit,
sie hüpfen hin, sie hüpfen her:
Die zwei sind ganz schön fit!

**2**

Ein Lämmchen springt
durch unsern Kreis,
sucht sich ein andres Schäfchen,
dann legen sich die beiden hin
und machen kurz ein Schläfchen!

**3**

Ein Lämmchen springt
durch unsern Kreis
und nimmt ein andres mit,
sie stampfen nun im Kreis herum
mit festem Schritt und Tritt!

**4**

Ein Lämmchen springt
durch unsern Kreis
und holt ein andres ab,
sie knabbern hungrig dort und da:
Das Gras wird schon ganz knapp!

**Und so geht's:**

Die Kinder stehen im Kreis. Während Sie das Gedicht vorlesen, springt ein Kind als Lämmchen im Kreis herum, sucht sich einen Partner und springt mit ihm zusammen. Dann kommt das nächste Lämmchen an die Reihe: Gemeinsam wird gestampft.

Wenn in jeder Strophe ein neues Kinderpaar die jeweilige Aktion durchführt, springen zum Schluss 8 Lämmchen durch den Kreis.

# Wem gehören die Fußspuren?

## Kopiervorlage für ein Rätsel

# Die Tiere sind weg!
## Bauernhofspiele

### Die Tiere sind weg

*Spät in der Nacht kommt der Bauer zu seinem Hof zurück. Leider muss er feststellen, dass alle seine Tiere weggelaufen sind. Im Dunkeln macht er sich auf eine schwierige Suche...*

Eines der Kinder ist der Bauer – da es stockdunkle Nacht ist, verbinden Sie ihm die Augen. Die anderen Kinder stellen sich gemeinsam in einer Reihe auf und warten ab, bis der Bauer zu ihnen kommt. Der Bauer fragt das erste Kind in der Reihe: *Wer bist du?*
Das angesprochene Kind antwortet in der Tiersprache, z. B. mit einem Blöken. Erkennt der Bauer, wen er vor sich hat, sagt er z. B.: *Du bist mein Schaf Timo.*
Hat er richtig geraten, muss das Schaf auf den Bauernhof zurück.
Der Bauer geht dann zum nächsten Kind in der Reihe und versucht wiederum herauszufinden, wer sich hinter der Tierstimme verbirgt. Schafft er es beim ersten Mal nicht, so wiederholt derjenige seine Antwort noch einmal. Liegt der Bauer mit seiner Vermutung falsch, probiert er es beim Nächsten in der Reihe. Das Spiel setzt sich fort, bis der Bauer alle seine Tiere wieder zum Bauernhof gebracht hat.

**Material:** Tuch

### Partner finden

Im Gruppenraum wird ausreichend Platz geschaffen, damit sich die Kinder frei bewegen können. Flüstern Sie jedem Kind jeweils ein Bauernhoftier ins Ohr, das die Mädchen und Jungen nicht verraten dürfen. Jedes Bauernhoftier kommt dabei mindestens zweimal vor.
Auf ein Startzeichen ahmen alle Kinder ihr Bauernhoftier in Bewegung und Laut nach, um so einen Artgenossen zu finden. Haben einige Kinder das geschafft, fassen sie sich gegenseitig an der Hand und suchen gemeinsam weiter nach weiteren Artgenossen. Das Spiel dauert so lange, bis sich alle Artgenossen gefunden haben und keiner der Mitspielenden mehr allein ist.

# Die Kuh
## Steckbrief

### Geboren werden und heranwachsen

Das weibliche Tier nennt man Kuh, das männliche Bulle oder Stier. Ein männliches kastriertes Rind, das keine Nachkommen mehr zeugen kann, bezeichnet man als Ochse. Das Kind der Kuh heißt Kalb und wächst im Bauch seiner Mutter über 9 Monate heran. Die Kuh produziert Milch als Nahrung für ihr Jungtier – sie gibt dann 10 Monate lang Milch. Mutter und Kind werden in der modernen Rinderzucht schon nach 2 Tagen getrennt. Das Kalb soll die Milch nicht trinken, weil der Bauer sie verkaufen will. Das Kalb erhält Ersatzmilch. Nach 4 Monaten kann das Kalb festes Futter fressen.

### Ernährung und Merkmale

Rinder sind Pflanzenfresser. Sie fressen Getreide, Gras, Heu, Kräuter und Rüben. Sie sind Wiederkäuer und haben insgesamt 4 Mägen. Sie rupfen mit ihren langen Zungen Grasbüschel ab und verschlingen sie, ohne sie zu kauen. Später legen sie sich hin und verdauen alles in Ruhe. In kleinen Portionen kommt das Gras dabei wieder hoch ins Maul – es wird dann noch einmal kräftig gekaut und wieder runtergeschluckt.

Rinder haben zwei Zehen, die Klauen genannt werden. Der Schwanz der Rinder hat am Ende ein Haarbüschel, das man Quaste nennt. Ihr Maul ist immer feucht und hat zwei riesige Nasenlöcher.

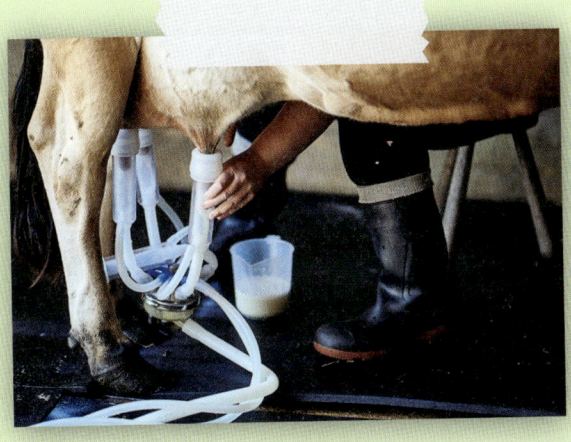

Es gibt verschiedene Rinderrassen – in Deutschland werden meist das Fleckvieh oder das Holstein-Rind gehalten. Das Holstein-Rind gibt es in zwei Farben: das Schwarzbunte mit schwarzen Flecken und das Rotbunte mit rotbraunen Flecken im Fell. Die meisten Rinder – männliche wie weibliche – haben Hörner. Oft entfernt sie der Bauer, damit die Tiere sich nicht gegenseitig verletzen.

# Die Kuh
## Steckbrief

### Leben auf dem Bauernhof

Rinder sind Herdentiere. Tagsüber sind sie meist im Freien und nachts im Stall. Im Freien fressen sie Gras, Klee und Kräuter – sie können gut riechen und somit giftige und ungiftige Pflanzen unterscheiden.

Im Stall erhalten Rinder zusätzlich Getreide, Heu und Kraftfutter sowie Mais und Silage.

Rinder kratzen und scheuern sich gern – auf der Weide nutzen sie dafür Bäume und Pfosten. Im Stall bringt der Bauer spezielle Bürsten an den Wänden für sie an.

### Rinder als Nutztiere

Rinder hält man wegen ihres Fleisches und ihrer Milch, die man trinkt und zu Butter, Joghurt, Käse, Quark und Sahne verarbeitet. Bis zu 40 Liter Milch liefert ein Tier pro Tag. Damit eine Kuh Milch geben kann, muss sie aber erst ein Kalb gebären.

Milchkühe sind etwa 8 Jahre im Einsatz, um Milch zu liefern – dabei müssen sie aber jedes Jahr ein Kalb bekommen, damit die Milch nicht versiegt.

Rinder, die man hält, um ihr Fleisch zu essen, leben 1,5 bis 2,5 Jahre, bis man sie schlachtet. Die Haut der Rinder nutzt man, um Leder für Schuhe und Taschen herzustellen.

# Frischkäse selbst gemacht
## Rezept

**Zutaten:**
- 1 Liter Milch (auch H-Milch)
- Zitronensaft

**Was sie sonst noch brauchen:**
- Topf zum Erhitzen der Milch
- Holzlöffel
- große Schüssel
- sauberes Geschirrtuch oder saubere Mullwindel
- Sieb, in das Sie das Geschirrtuch legen
- Salz und Kräuter zum Würzen

## Und so geht's:

Die Milch wird im Topf erhitzt, sie sollte jedoch noch nicht kochen, d. h., sie darf nicht im Kochtopf nach oben steigen. Man muss dabei immer gut rühren, um zu verhindern, dass die Milch anbrennt oder sich eine Haut auf ihr bildet.

In die heiße Milch wird dann – ebenfalls unter Rühren – so lange Zitronensaft hinzugegeben, bis das Milcheiweiß ausflockt. Hierbei entsteht eine gelbliche Molke. Man darf nur sehr langsam und sehr vorsichtig rühren, da ansonsten der Käsebruch zu feinkörnig wird und sich nicht mehr abtrennen lässt.

Noch heiß wird die Masse durch ein Tuch, das in einem Sieb liegt, gegossen, um so die Molke von dem, was später der Frischkäse wird, zu trennen. Man lässt den Käsebruch kurz abtropfen und überprüft hierbei immer wieder mit dem Löffel, ob der entstehende Frischkäse eine gute Konsistenz erreicht hat. Er sollte nicht zu flüssig sein.

Wenn die Molke gut abgelaufen ist, nimmt man das Tuch aus dem Sieb. Der Frischkäse wird in ein Gefäß gegeben und je nach Belieben mit Kräutern und Salz gewürzt.

 Die abgekühlte Molke kann man pur oder mit Fruchtsaft gemischt trinken.

# Was bringt uns die Kuh?
## Kopiervorlage für ein Rätsel

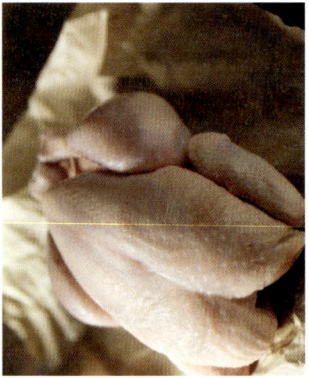
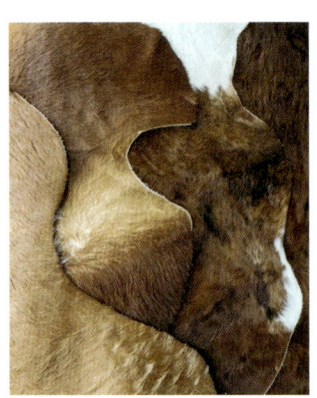

Welche Produkte sind von der Kuh und welche Gegenstände können wir daraus machen? Verbinde die Kuh und ihre Produkte mit einem Strich.

# Das Schwein
## Steckbrief

### Geboren werden und heranwachsen

Das weibliche Schwein nennt man Sau und das männliche Eber. Ist das männliche Schwein kastriert und kann keine Nachkommen mehr zeugen, dann heißt es Borg. Das Kind vom Schwein ist das Ferkel.

Eine Sau bekommt oft über 10 Ferkel auf einmal – manchmal sogar 15, die in ihrem Bauch heranwachsen. Die Sau ernährt ihre Jungen mit Milch. Nach etwa 3 Wochen können die Ferkel festes Futter fressen und werden von ihrer Mutter getrennt.

Eine Sau kann zweimal im Jahr Junge bekommen – das erste Mal bereits im Alter von 6 Monaten. Schon nach 6 Monaten wiegen die kleinen Schweine 100 Kilogramm!

### Ernährung und Merkmale

Schweine sind Allesfresser. Ihre natürliche Nahrung sind Bucheckern, Eicheln, Gemüse und Getreide, Maden, Pilze und Wurzeln. Früher hat man Schweine mit Küchenabfällen gefüttert, aber heute, in der modernen Schweinezucht, bekommen sie spezielles Futter, um schnell an Gewicht zuzunehmen, weil man sie schlachten will.

Schweine haben einen rundlichen Körper und kurze Beine – ihre Füße nennt man Klauen. Die Schnauze der Schweine bezeichnet man als Rüssel. Insbesondere beim Eber stehen die Eckzähne – die Hauer – hervor. Die Haut der Schweine ist mit sehr kräftigen Haaren – Borsten – bedeckt. Und: Schweine haben Ringelschwänzchen.

# Das Schwein
## Steckbrief

### Leben auf dem Bauernhof
Schweine leben gern in Gruppen. Auf dem Bauernhof leben Schweine meist im Stall. Oft werden sie heute auf Spaltböden gehalten – das sind Gitter aus Kunststoff, die man gut sauber machen kann: der Kot plumpst direkt durch die Ritzen, sodass die Schweine nicht so schmutzig und nicht so leicht krank werden.

Auf dem Bio-Bauernhof können die Schweine raus ins Freie und im Stall ist Stroh eingestreut. Das ist für die Schweine bequemer als Spaltböden, bedeutet für den Bauern aber viel Arbeit: Er muss regelmäßig ausmisten, weil sich im Stroh schnell Krankheitskeime entwickeln.
Wenn die Schweine draußen sind, wühlen sie mit ihrer Nase in der Erde nach Nahrung.

### Schweine als Nutztiere
Schweine sind richtige Allrounder in der Nutzung: Fleisch ist die Grundlage für verschiedene Fleisch- und Wurstwaren. Ihr Blut wird Wurstwaren beigemengt oder für andere Lebensmittel verwendet. Gehirn und Innereien (Leber, Magen, Nieren) kann man ebenfalls essen, die Knochen für Suppe verwenden und aus den Schwarten lässt sich Gelatine herstellen, während das

Fett zu Seife verarbeitet wird. Die Borsten dienen für Haarbürsten und Pinsel. Die Haut ist die Grundlage der Ledererzeugung.

# Viele kleine Schweinchen
## zwei Fingerspiele

### Fünf Schweinchen

Fünf Schweinchen kommen gelaufen,
*(die Finger laufen über den waagerecht
gehaltenen Arm)*

der Bauer will sie verkaufen:
das Schnüffelnäschen,
*(Daumen zeigen)*

das Wackelöhrchen,
*(Zeigefinger zeigen)*

das Kugelränzchen,
*(Mittelfinger zeigen)*

das Ringelschwänzchen.
*(Ringfinger zeigen)*

Da ruft das kleine Wackelbein:
*(kleinen Finger zeigen)*

Kommt, wir gehen alle heim!
*(Finger laufen über den Arm zurück)*

### Schweinchen Fett und Schweinchen Dick

Schweinchen Fett und Schweinchen Dick,
*(beide Daumen zeigen)*

bleiben heut allein zurück,
hinterm Tore warten sie,
*(Finger ineinander verschränken =
Tor, Daumen dahinter)*

auf ihr Futter – kommt das nie?
Schweinchen Fett und Schweinchen Dick,
recken sich ein ganzes Stück,
hinterm Tore in die Höh,
*(beide Schweinchen langsam hinter dem Tor
hochkommen lassen)*

noch kein Futter da – oje!
Schweinchen Fett und Schweinchen Dick,
ziehen traurig sich zurück,
*(langsam die Daumen runter)*

doch da öffnet sich das Tor,
*(Finger auseinander)*

beide laufen schnell hervor,
*(Daumen deuten Laufen an)*

laufen zu dem Troge hin –
*(mit beiden Händen Trog formen),*

plumps! – da liegen beide drin.
*(beide Daumen hineinlegen)*

# Das Schaf

## Steckbrief

### Geboren werden und heranwachsen

Das weibliche Schaf nennt man schlicht-
weg Schaf und das männliche Tier
Bock oder Widder. Das Kind vom Schaf
ist das Lamm. Ist das männliche Schaf
kastriert und kann keine Nachkommen
mehr zeugen, dann heißt es Hammel
oder Schöps. Widder sind Einzelgänger,
weibliche Schafe und ihr Nachwuchs
sind Herdentiere. Widder wachsen in
der Herde heran und werden dann von
der Herde getrennt. Eine Schafmutter bekommt oft zwei Lämmer gleichzeitig,
die in ihrem Bauch heranwachsen. Die Mutter ernährt ihre Jungen mit Milch.
Nach 3 Monaten brauchen die Lämmer keine Milch mehr.

### Ernährung und Merkmale

Schafe sind Pflanzenfresser: Sie fressen Gräser, Heu, Laub und Wildkräuter.
Außerdem sind sie wie die Kühe Wiederkäuer – sie verschlingen ihre Nahrung,
ohne sie zu kauen. Später legen sie sich hin und verdauen alles in Ruhe. In
kleinen Portionen kommt das Gras dabei wieder hoch ins Maul – es wird dann
noch einmal kräftig gekaut, bis es zu Brei geworden ist, und wieder runtergeschluckt.

Die Fellfärbung der Schafe
variiert von weißlich bis dun-
kelbraun. Männliche Schafe
haben Hörner – bei manchen
Rassen auch die weiblichen
Schafe. Es gibt verschiedene
Schafrassen – häufig werden
bei uns das Deutsche weiß-
köpfige Fleischschaf und das
Ostfriesische Milchschaf gehalten. Schafe sind Fluchttiere –
droht Gefahr, rennen sie weg.
Schafe werden gehalten,
wegen ihres Fleisches, der
Milch bzw. der Wolle.

# Das Schaf

## Steckbrief

### Leben auf dem Bauernhof und im Freien

Schafe können auf drei unterschiedliche Arten gehalten werden.

- Wanderhaltung: Ein Schäfer zieht meist in Begleitung mehrerer Hütehunde mit der Herde von Weide zu Weide. In der Nacht führt sie der Schäfer zu einer umzäunten Weide (Pferch), von der sie nicht fortlaufen können.
- Hütehaltung: Hier werden die Schafe auf eine nahe gelegene Weide getrieben, die sie abgrasen.
- Koppel- oder Einzelhaltung: Die Tiere werden in eingezäunten Weiden gehalten. Weder ein Schäfer noch Hütehunde sind nötig, um die Schafe zu beaufsichtigen.

Schafe werden oft als lebendige Rasenmäher eingesetzt, um den Rasen auf Deichen oder auf Heideflächen kurz zu halten.

### Schafe als Nutztiere

Schafe hält man, um ihr Fleisch zu essen, wegen ihrer Milch oder ihrer Wolle. Die Milch der Schafe hat einen stärkeren Eigengeschmack als Kuhmilch und wird vor allem für die Herstellung von würzigem Käse verwendet.

Jedes Jahr werden die Schafe geschoren – auch dann, wenn sie nicht wegen ihrer Wolle gehalten werden, weil ihnen sonst im Sommer zu warm ist. Bis zum Winter wächst die Wolle wieder richtig dicht nach. Die Wolle verarbeitet man zu Textilien, Bettdecken, Dämmmatten, Polsterfüllung und Teppichen.

Vorsichtig wird das Schaf geschoren

Vorher und nachher

Ein ganzer Korb Rohwolle

Fertige Wolle zum Stricken

# Watteschäfchen
## Bastelanleitung

**Material:**
- 2 bis 3 Packungen Watte

*Für jedes Kind:*
- 1 rosa Tonkarton (DIN A6)
- 1 Kopie von der Bastelvorlage (siehe unten)
- Schere und Klebstoff
- Bleistift und schwarzer Filzstift

## Und so geht's:

1. Jedes Kind klebt seinen kopierten Schafskopf auf den Karton und schneidet ihn aus.
2. Auf dem Schafskopf kleben die Kinder dann zwischen den Ohren ein wenig Watte fest.
3. Mit Filzstift wird ein Gesicht auf den Schafskopf gemalt.
4. Die Kinder formen dann aus Watte ein Ei und kleben den Schafskopf daran fest.

# Das Huhn
## Steckbrief

### Geboren werden und heranwachsen

Das weibliche Huhn nennt man Henne und das männliche Tier Hahn. Das Kind vom Huhn ist das Küken. Küken wachsen in Eiern, die von der Mutter 3 Wochen lang warm gehalten werden müssen, damit sich die Küken darin entwickeln können. Die Küken ernähren sich dabei vom Eidotter in den Eiern und atmen aus der Luftblase, die sich ebenfalls in den Eiern befindet. Um sich aus den Eiern zu befreien, picken die Küken mit dem Schnabel von innen gegen die Schale. Sie kommen mit einem flauschigen, gelben Federkleid auf die Welt. Die Küken folgen der Mutter auf Schritt und Tritt und machen ihr alles nach. Sie picken eifrig Gras und Körner und verlieren schon nach 2 Wochen ihren gelben Flaum. Ihnen wachsen nun Federn. Nach 4 Wochen kommen die jungen Hühner ohne den Schutz ihrer Mutter zurecht.

### Ernährung und Merkmale

Hühner sind Allesfresser. Im Freien picken sie Getreidekörner, Insekten, Larven, Obst, Samen, Schnecken und Würmer auf, aber auch Sandkörner oder kleine Steine – durch sie wird die Nahrung in ihrem Magen zermahlen, weil sie keine Zähne haben.

Hähne haben ein buntes, prachtvolles Gefieder – sie sind größer als weibliche Hühner und sie können krähen. Auf dem Kopf haben Hühner einen Hautlappen, den Hahnenkamm, und unter dem Schnabel haben sie einen Kehl- oder Kinnlappen.
Hühner können nicht gut fliegen, weil sie nur kurze, runde Flügel haben. Ihre Beine haben meist keine Federn, sondern sind mit Schuppen bedeckt. Hühner haben vier Zehen mit scharfen Krallen und die Hähne zusätzlich einen Sporn, der ihnen bei Kämpfen als Waffe dient. Mit einem Bad im Sand halten sie ihr Gefieder von Ungeziefer frei und sauber.

# Das Huhn
## Steckbrief

### Eier – Lebensmittel oder Lebensentstehung

Manche Hühner legen braune Eier, manche weiße. Die Farbe der Eischale hängt von der Hühnerrasse ab. Und das kann man an den Ohrscheiben der Tiere erkennen: Hühner, die braune bis rötliche Ohrscheiben haben, legen braune Eier, und Hühner, die weiße Ohrscheiben haben, legen weiße Eier.

Im Hühnerstall lebt meist ein Hahn mit 10 Hennen zusammen. Wenn sich Hahn und Hennen paaren, werden die Eier der Hennen befruchtet und es entwickeln sich Küken in ihnen. Die Henne legt danach ungefähr 12 Eier ins Nest – jeden Tag eins – erst dann beginnt sie, die Eier auszubrüten: Sie setzt sich dazu auf das Nest und hält die Eier mit ihrem Gefieder warm. Regelmäßig wendet sie dabei die Eier mit ihrem Schnabel. Das Nest verlässt sie immer nur kurz, um etwas zu fressen. Wenn eine Henne Küken hat, nennt man sie Glucke.

### Hühner als Nutztiere

Hühner werden als Legehennen oder Masthühner gehalten – d. h., um Eier oder Fleisch zu liefern. Legehennen legen etwa 300 Eier im Jahr. Eigentlich legen Hühner nur etwa 12 Eier – so lange, bis das Nest voll ist und sie mit dem Brüten beginnen können. Nimmt man ihnen die Eier aber weg, legen sie immer wieder welche.

# Wenn die Henne einmal streikt

## Klatschreim

Am **Montag** denkt Frau Henne,
was für ein Gerenne.
*(auf die Oberschenkel klatschen)*
Und spricht wütend
*(Hände in die Hüften)*
1, 2, 3,
*(Zahlen mit den Fingern zeigen)*
heute leg ich kein Ei!
*(Nein-Geste mit Zeigefinger und
Kopfschütteln zeigen)*

Am **Dienstag** denkt Frau Henne,
was für ein Gerenne.
*(auf die Oberschenkel klatschen)*
Und spricht wütend
*(Hände in die Hüften)*
1, 2, 3,
*(Zahlen mit den Fingern zeigen)*
heute leg ich kein Ei!
*(Nein-Geste mit Zeigefinger und
Kopfschütteln zeigen)*

Am **Mittwoch** denkt Frau Henne,
was für ein Gerenne.
*(auf die Oberschenkel klatschen)*
Und spricht wütend
*(Hände in die Hüften)*
1, 2, 3,
*(Zahlen mit den Fingern zeigen)*
heute leg ich kein Ei!
*(Nein-Geste mit Zeigefinger und
Kopfschütteln zeigen)*

Am **Donnerstag** denkt Frau Henne,
was für ein Gerenne.
*(auf die Oberschenkel klatschen)*

Und spricht wütend
*(Hände in die Hüften)*
1, 2, 3,
*(Zahlen mit den Fingern zeigen)*
heute leg ich kein Ei!
*(Nein-Geste mit Zeigefinger und
Kopfschütteln zeigen)*

Am **Freitag** denkt Frau Henne,
was für ein Gerenne.
*(auf die Oberschenkel klatschen)*
Und spricht wütend
*(Hände in die Hüften)*
1, 2, 3,
*(Zahlen mit den Fingern zeigen)*
heute leg ich kein Ei!
*(Nein-Geste mit Zeigefinger und
Kopfschütteln zeigen)*

Am **Samstag** ist der Bauer,
mit der Henne sauer.
Und spricht wütend,
*(Hände in die Hüften)*
1, 2, 3,
*(Zahlen mit den Fingern zeigen)*
warum legst du kein Ei?
*(beide Hände fragend hochheben)*

Am **Sonntag** denkt Frau Henne,
heute kein Gerenne.
*(auf die Oberschenkel klatschen)*
Und gackert fröhlich
1, 2, 3,
*(Zahlen mit den Fingern zeigen)*
und legt ein Sonntagsei.
*(Hände formen ein Ei)*

# Der Eierdieb und der Fuchs
## Spiele rund ums Huhn

### Der Eierdieb

Die Kinder setzen sich auf dem Fußboden in einen Kreis. Stellen Sie einen Korb mit Eiern in die Kreismitte. Das ist das Nest.

Eines der Kinder ist die Henne. Es bekommt die Augen verbunden und setzt sich in die Kreismitte zu dem Nest. Die Henne muss ihr Nest gut behüten, denn die anderen Kinder versuchen, die Eier aus dem Nest zu stehlen.

Sie schleichen abwechselnd an das Nest heran. Hört die Henne, dass sich jemand nähert, zeigt sie mit dem Finger in die Richtung, aus der sie den Eierdieb vermutet. Wenn sie den Eierdieb erwischt, muss dieser das Ei wieder ins Nest legen. Wenn sie den Eierdieb nicht erwischt, darf er das Ei behalten.

### Material:

- 1 Tuch als Augenbinde, 1 Korb mit gekochten oder Schokoeiern

### Der Fuchs und die Küken

Eine Henne, ihre Küken und ein Fuchs: Bei dieser Gesellschaft ist Schnelligkeit und eine gute Reaktionsfähigkeit sehr wichtig!

Zunächst werden die Rollen verteilt: Ein Kind ist der Fuchs, ein anderes die Henne und die restlichen Kinder sind die Küken. Der Fuchs geht nun voran, hinter ihm die Henne und hinter der Henne die Küken. Jeder fasst seinen Vordermann an der Schulter oder um die Hüfte. So gehen alle singend oder pfeifend über die Wiese. Der Fuchs knurrt und grollt. Zwischendurch ruft die Henne: *Vorsicht Kinder, der Fuchs will euch holen!* Kurz darauf darf sich der Fuchs losreißen und dann müssen sich die Küken blitzschnell auf den Boden fallen lassen. Wen der Fuchs im Stehen erwischt, der scheidet aus. Die Küken dürfen sich erst fallen lassen, wenn sich der Fuchs losgerissen hat.

### Der Fuchs und die Hühner

Die Kinder verwandeln sich in einen Fuchs und viele Hühner. Die Hühner müssen den Fuchs fragen, was er am liebsten isst. Solange dieser *Schokopudding* oder *Obsttörtchen* antwortet, haben die Hühner nichts zu befürchten. Ruft er jedoch *Hühner*, ist die Flucht angesagt. Der Fuchs versucht, eines der Hühner zu fangen. Sobald er Beute gemacht hat, übernimmt das Kind, das vom Fuchs geschnappt wurde dessen Rolle.

# Info für die Eltern

## Projekt „Willkommen auf dem Bauernhof!"

Liebe Eltern,
wir haben bei unserem Projekt einige Tiere, die auf dem Bauernhof gehalten werden, näher kennengelernt und viel über ihre Produkte erfahren.

Die Kinder haben
- einen **Bauernhof besucht** und die **Tiere** ganz *nah erlebt,*
- **erfahren, welche Tiere** am häufigsten **auf dem Bauernhof gehalten** werden,
- **ergründet, wie die Tiere** auf dem Bauernhof und in ihrer natürlichen Umgebung *leben,*
- sich damit **befasst, wie sich die Tiere ernähren, verhalten** und **vermehren,**
- **Produkte der Tiere kennengelernt** und erfahren, wozu wir die Tiere nutzen,
- mit **Bastelarbeiten** und **Spielen** die behandelten **Inhalte vertieft**.

Unsere erreichten Bildungsziele sind:
- **Tiere,** ihre **Lebensweise** und ihren **Lebensraum kennenlernen**
- **Produkte der Tiere kennen** und **schätzen lernen**
- **Bewusstsein** für die **Bedeutung der Bauernhoftiere** und für die **Tierhaltung schaffen**

Herzliche Grüße
Ihr Kindergartenteam

# Was habe ich gelernt?
## Meine Dokumentation in Bildern

Name des Kindes _____

Datum _____ Unterschrift der Erzieherin _____

### Ich kenne die Tiere vom Bauernhof!

Ich habe an einem Projekt zum Thema „Tiere auf dem Bauernhof" im Kindergarten teilgenommen, einen Bauernhof besucht und viel über Tiere und ihren Nutzen für den
Menschen gelernt. Hier zeichne ich, welches Bauernhoftier mir am besten gefallen hat.

# Tierisch was los!

## Ein Projekt rund um Haustiere

Fast jedes Kind hat ein Lieblingstier. Tiere üben auf Kinder eine große Anziehungskraft aus. Sie streicheln sie gerne, wollen sich um sie kümmern und mit ihnen spielen. Doch nicht jeder kann ein Haustier halten und auch die Kita ist oft nicht der richtige Ort für ein Haustier.

Bei dieser Projektwoche rund um unsere geliebten Vierbeiner erfahren die Kinder vieles über Eigenschaften, Haltung und Pflege von Meerschweinchen, Katzen & Co. Sie besuchen ein Tierheim und am letzten Tag besuchen die Haustiere der Kinder die Kita!

## Auf einen Blick

| | |
|---|---|
| **Alter** | 3 bis 6 Jahre |
| **Zeit** | 1 Woche, täglich 1 bis 3 Stunden |
| **Gruppe** | gesamte Gruppe |
| **Ort** | Gruppenraum, Bewegungsraum, Tierheim |
| **Vorbereitung** | Bastelmaterial besorgen, Tierheim kontaktieren |
| **Bildungsziele** | ✗ Kennenlernen von verschiedenen Haustieren |
| | ✗ vom Umgang mit ihnen erfahren |
| | ✗ Tiere unterscheiden lernen |
| | ✗ Respekt vor der Verantwortung haben, ein Lebewesen zu halten (zu ernähren, zu versorgen) |

## Projektplanung

Planen Sie für dieses Projekt an jedem Tag der Woche etwa 1 bis 3 Stunden ein. Für den Ausflug ins Tierheim müssen Sie, je nach Anfahrtsweg, etwas länger einplanen.

Jeden Tag beschäftigen sich die Kinder mit einem anderen Aspekt zum Thema Haustiere. Gerade wenn sich die Mädchen und Jungen eher theoretisch mit Tieren auseinandersetzen, können sie anschließend etwas über das Erlernte erzählen, malen, basteln oder dazu spielen.

Kontaktieren Sie ein Tierheim in der Nähe der Kita und fragen Sie, ob es möglich ist, vorbeizukommen. Fragen Sie nach, auf was Sie achten müssen, damit die Kinder sich angemessen verhalten und die Tiere so wenig wie möglich aufgeregt werden.

Informieren Sie die Eltern über den anstehenden Ausflug. Vielleicht hat ein Kind eine Tierhaarallergie. Besorgen Sie eventuell noch Bücher über Haustiere. So haben Sie ausreichend Informationen und die Kinder können darin blättern, Fragen stellen und Antworten entdecken.

## Portfolio-Tipp

Bitten Sie jedes Kind zu zeichnen, welches sein Lieblingshaustier ist und wie es leben soll, damit es ihm richtig gut geht. Lassen Sie die Kinder erzählen, warum das so ist. Denken Sie daran, stets eine Kamera parat zu haben, um die Aktionen der Kinder festzuhalten. Die Fotos können die Kinder später für ihre Portfolios oder für eine Projektausstellung verwenden.

## Wochenplan

### Tag 1
**Geliebte Vierbeiner – unsere Haustiere**   Dauer: 2 Stunden
über Haustiere sprechen, ein Tierlexikon gestalten

### Tag 2
**Das Katzen-Angel-Spiel**   Dauer: 1 Stunde
ein Bewegungsspiel spielen, weiter am Tierlexikon arbeiten

### Tag 3
**Besuch im Tierheim**   Dauer: 2 bis 3 Stunden
ein Tierheim besuchen

### Tag 4
**Ein Aquarium für den Gruppenraum**   Dauer: 1 Stunde
ein Aquarium basteln, weiter am Tierlexikon arbeiten

### Tag 5
**Das ist mein Haustier**   Dauer: 2 bis 3 Stunden
die Haustiere der Kinder besuchen die Kita, die Kinder stellen ihre Tiere vor

## Material

**M 1: Unsere Haustiere**
Anschauungsbilder ● Seite 56

**M 2: Meerschweinchen Alexander und seine Freunde**
Haustier-Fingerspiele ● Seite 59

**M 3: Die Katze**
Steckbrief ● Seite 61

**M 4: Der Hund**
Steckbrief ● Seite 62

**M 5: Das Pferd**
Steckbrief ● Seite 63

**M 6: Der Fisch**
Steckbrief ● Seite 64

**M 7: Das Meerschweinchen**
Steckbrief ● Seite 65

**M 8: Der Vogel**
Steckbrief ● Seite 66

**M 9: Wir basteln ein Aquarium**
Kopiervorlage ● Seite 67

**M 10: Info für die Eltern** ● Seite 69

**M 11: Portfolio** ● Seite 70

## Tag 1 Geliebte Vierbeiner – unsere Haustiere

### Mitgeliefertes Material
✗ Unsere Haustiere – Anschauungsbilder (M 1)
✗ Steckbriefe (M 3 bis M 8)

### Zusätzliches Material
✗ Tierlexikon
✗ 1 DIN-A4-Ordner (mit Bügelmechanik)
✗ 1 Bogen farbiges Tonpapier (DIN A3)
✗ 5–6 Bogen farbiges Papier in DIN A4 (Tonpapier, Kopierpapier)
✗ Locher
✗ Für jedes Kind: Stifte, Schere, Kleber

### Vorbereitung
Kopieren Sie die Steckbriefe (M 3 bis M 8) und die Bilder der Haustiere (M 1) und schneiden Sie diese aus. Bereiten Sie einen großen Maltisch vor und stellen Sie die Bastelmaterialien bereit.

### Durchführung
#### Einstimmung: Wir sprechen über Haustiere
Treffen Sie sich im Stuhlkreis und legen Sie die Bilder der Tiere in die Mitte. Diese Projektwoche steht ganz im Zeichen der Haustiere. Lassen Sie die Kinder frei zu den Bildern erzählen.

Gesprächsimpulse:
✗ *Was haben alle Tiere gemeinsam?*
✗ *Wo leben sie?*
✗ *Gibt es diese Tiere auch in der freien Natur? Leben Sie auch wild?*
✗ *Wer von euch hat ein Haustier? Welches?*
✗ *Wer kümmert sich um das Tier? Was muss man für das Tier tun?*
✗ *Was ist das Besondere an dem Tier?*
Schauen Sie sich gemeinsam auch die Steckbriefe der Tiere an, von denen die Kinder noch mehr erfahren wollen.

#### Unser Tierlexikon
Zeigen Sie den Kindern ein Tierlexikon und schlagen Sie vor, selbst eines für Haustiere zu erstellen. Die Kinder können es im Laufe der Projektwoche nach und nach vervollständigen. An diesem Tag beginnt die Gruppe damit, den Umschlag zu gestalten und die erste Haustierseite anzulegen. Überlegen Sie gemeinsam, welches Tier das sein soll.

### 1. Schritt: Was findet man in einem Tierlexikon?

Alle Kinder sehen sich zuerst das Tierlexikon an, um zu verstehen, wie es aufgebaut ist und wozu es dient. Sie werden sehen, dass jedes Tier beschrieben wird und (im besten Fall) ein Bild vom Tier zu sehen ist.

### 2. Die Ordnergestaltung

Teilen Sie die Gruppe in zwei Kleingruppen ein. Eine Gruppe gestaltet den Umschlag, also den Ordner für das Lexikon. Die zweite Gruppe gestaltet die Haustierseite. Die Ordnergruppe schneidet Tierbilder von den vorgefertigten Farbkopien aus und/oder zeichnet die Tiere selbst.

Helfen Sie den Kindern, den Ordnerdeckel rundherum mit farbigem Tonpapier zu bekleben. Dafür streichen Sie sorgfältig Klebstoff auf und legen das große Papier von außen um den Ordner. Knicken Sie die Kanten nach innen um und streichen Sie sie nochmals mit Klebstoff ein, bevor Sie sie gründlich andrücken. Kleben Sie innen jeweils ein Papier oder Tonpapier in die Deckel, damit sie sich nicht wölben (die Spannung durch den Klebstoff muss innen und außen gleich sein). Nun können die Jungen und Mädchen den Umschlag mit ihren Bildern bekleben.

### 3. Die Haustierseite

Die andere Gruppe sucht ein besonders aussagekräftiges Foto des Haustieres heraus und klebt es auf ein Papier. Eventuell fügen die Kinder noch eine Zeichnung ein. Schreiben Sie auf, was die Kinder zu dem Tier wichtig finden. Natürlich können die Jungen und Mädchen dazu auch kleine, illustrierende Bilder zeichnen, zum Beispiel den Huf eines Pferdes oder Katzenohren. Abschließend lochen Sie die Seite(n) und heften sie im Ordner ab.

> **Tipp**
>
> Das Tierlexikon kann auch um Bauernhoftiere und Bienen – die anderen Projekte in diesem Buch – ergänzt werden! Neben einem Tierlexikon können die Kinder auch ein Pflanzenlexikon anlegen. Auch ein ganz allgemeines Lexikon des Wissens ist interessant. Die Kinder gestalten jeweils eine Seite zum gerade behandelten Thema und ordnen sie im Lexikon ein. So entsteht nach und nach ein ganzes Buch zu wichtigen Wissensthemen Ihrer Einrichtung.

## Bildungsbereiche

- ☐ Soziales Lernen und Religion
- ☑ Kreativität und Musik
- ☑ Mathematik und Naturwissenschaft
- ☑ Sprache und Kommunikation
- ☐ Körper und Bewegung

## Tag 2 ‹ Das Katzen-Angel-Spiel

### Mitgeliefertes Material
✗ Meerschweinchen Alexander und seine Freunde –
Haustier-Fingerspiele (M 2)

### Zusätzliches Material
✗ Reifen oder Seile
✗ eine Uhr (Sanduhr, Stoppuhr, Smartphone)

*Mindestens einen kleinen Gegenstand pro Kind, z. B.:*
✗ Bauklötze oder Jonglierbälle
✗ Fische aus Pappe oder Stoff

### Durchführung
#### Einstimmung: Meerschweinchen Alexander und seine Freunde
Zu den Haustieren finden Sie in M 2 Fingerspiele, die Sie morgens zum Einstieg, zum Abschluss oder zwischendurch mit den Kindern durchführen können. Da die Kinder heute das Katzen-Angel-Spiel spielen, bietet es sich an, mit dem Katzen-Fingerspiel zu starten.

#### Das Katzen-Angel-Spiel
Erzählen Sie zunächst die Geschichte zum Spiel: *Die Katzen sitzen gerne am Gartenteich und angeln. Weil beim Nachbarn noch Fische im Teich sind, wollen sie sich diese auch noch holen.*
Die Kinder teilen sich in gleich große Gruppen von je 4 bis 6 Kindern ein – je nachdem wie groß die Gesamtgruppe ist. Bei 24 Kindern bilden die Kinder 6 Gruppen zu je 4 Kindern.
Verteilen Sie die Reifen in der Anzahl der Gruppen im Raum oder legen Sie die Seile kreisförmig verteilt im Raum aus. Das sind die Gartenteiche. Bei 6 Gruppen also 6 Reifen.
Jede Gruppe sucht sich einen Teich aus und stellt sich um ihn auf. Jede Katze erhält mindestens einen Fisch, also einen kleinen Gegenstand. Die Fische werden in den Teich gelegt. Gibt es mehr Gegenstände, werden sie gleichmäßig auf alle Teiche verteilt. Das macht das Spiel schwieriger.

### Tipp

Alternativ können die Kinder das Spiel auch als Hunde spielen, die Knochen suchen und in ihre Hundehütte bringen.

Geben Sie ein Startsignal. Die Kinder laufen nun los und versuchen, die Fische der anderen Katzen aus den Teichen zu stehlen. Die Katzen dürfen ihre Fische nicht verteidigen. Außerdem kann (wie in Wirklichkeit) jede Katze nur jeweils einen Fisch fangen und zum eigenen Teich tragen. Dort wird er abgelegt und die Katze kann wieder loslaufen.

Nach einer gewissen Zeit (z. B. eine Minute) ist die Zeit um. Geben Sie ein Signal. Die Fische, die jetzt noch von Katzen herumgetragen werden, dürfen nicht mehr in Teiche gelegt werden.

Die Kinder zählen die Fische in ihren Teichen. Welche Katzengruppe hat die meisten Fische gefangen und behalten? Das Spiel kann beliebig oft wiederholt werden.

### Unser Tierlexikon

Nach dem Spiel können die Kinder an ihrem Lexikon weiterarbeiten. Teilen Sie die Kinder wieder in zwei Gruppen ein. Jede Gruppe übernimmt ein Haustier. Lassen Sie die Kinder darüber abstimmen, welche Gruppe was macht.

## Bildungsbereiche

- ☐ Soziales Lernen und Religion
- ☐ Kreativität und Musik
- ☑ Mathematik und Naturwissenschaft
- ☐ Sprache und Kommunikation
- ☑ Körper und Bewegung

## Tag 3 Besuch im Tierheim

### Mitgeliefertes Material
✗ Meerschweinchen Alexander und seine Freunde – Haustier-Fingerspiele (M 2)

### Zusätzliches Material
✗ Fotokamera

### Vorbereitung
Kontaktieren Sie ein Tierheim in der Nähe und machen Sie dort einen Termin.
Informieren Sie die Eltern über den Ausflug.

### Durchführung
#### Los geht es ins Tierheim!
Bevor der Ausflug losgeht, versammeln Sie die Gruppe. Erklären Sie kurz, wo es hingehen soll und welche Regeln zu beachten sind (Straßenverkehr und Verhalten im Tierheim).
Bereiten Sie die Kinder darauf vor, dass es im Tierheim viele Hunde, Katzen und andere Tiere gibt, die dort meist in Käfigen gehalten werden. Das ist nicht schön anzusehen und manchmal schwer auszuhalten.
Wichtig ist, dass die Kinder jederzeit Fragen stellen dürfen und verstehen, warum die Tiere dort im Tierheim sind. Der Besuch soll den Kindern zeigen, dass ein Tier kein Ding ist, das man haben kann und einfach wieder weggibt, wenn man es nicht mehr braucht. Denn dann landet es vermutlich im Tierheim und wartet auf einen neuen Besitzer. Hier sind die Tiere zwar gut versorgt, aber sie sehnen sich nach individueller Zuwendung, nach einer eigenen Familie und Geborgenheit.

**Tipp**

Fragen Sie nach, was das Tierheim braucht. Meistens fehlt es an Geld, oft auch an anderen Dingen. Vielleicht kann die Kita eine Sammelaktion, einen Basar oder Flohmarkt veranstalten oder eine Verkaufsausstellung von Tierbildern, um Geld für das Tierheim spenden zu können.

### Fragen über Fragen

Überlegen Sie gemeinsam, was die Kinder besonders an den Tieren im Tierheim interessiert. Vielleicht erfahren sie noch etwas, das unbedingt mit in das Tierlexikon muss.

### Abschluss: Wie war es im Tierheim?

Nach dem Ausflug, schon auf dem Heimweg und spätestens in der Kita, sollten alle Kinder über das Erlebte sprechen können. Jetzt ist es wichtig, dass jeder seine Eindrücke loswerden kann und verarbeitet. Versuchen Sie, alle Kinder zu motivieren, sich auszusprechen und einander zuzuhören. Im Anschluss sollten die Mädchen und Jungen die Möglichkeit haben, ihr Erlebnis zu zeichnen oder zu gestalten. Sie können Tiere kneten, malen, aus Zeitungen ausschneiden und daraus Collagen kleben. Wer mag, kann auch im Rollenspiel nacherleben, welche Eindrücke er gerade gesammelt hat. Auch am Tierlexikon kann weitergearbeitet werden.

## Bildungsbereiche

- ☑ Soziales Lernen und Religion
- ☐ Kreativität und Musik
- ☐ Mathematik und Naturwissenschaft
- ☑ Sprache und Kommunikation
- ☐ Körper und Bewegung

## Tag 4 — Ein Aquarium für den Gruppenraum

### Mitgeliefertes Material

- ✗ Meerschweinchen Alexander und seine Freunde – Haustier-Fingerspiele (M 2)
- ✗ Wir basteln ein Aquarium – Kopiervorlage (M 9)

### Zusätzliches Material

- ✗ Scheren und Cutter (Teppichmesser)
- ✗ Klebstifte und Klebeband (transparent)
- ✗ Acrylfarben und Pinsel
- ✗ Buntstifte, Filzstifte
- ✗ Papier, Tonpapier und Karton
- ✗ Lineal
- ✗ Schnur
- ✗ großer Schuhkarton mit Deckel
- ✗ transparente Folie (möglichst stabil)

### Vorbereitung

Bereiten Sie alle Bastelutensilien vor. Überlegen Sie im Vorhinein, ob alle Kinder gemeinsam ein Aquarium gestalten, die Kinder sich in Kleingruppen zusammentun oder jeder sein eigenes Aquarium bastelt. Dementsprechend besorgen Sie die Anzahl der Schuhkartons. Da können sicherlich auch die Eltern helfen.

### Durchführung

Dieses Aquarium kommt ganz ohne Wasser aus. Die Kinder brauchen nur große Schuhkartons, bunte Farben und ein bisschen Fantasie!

### Schritt 1: Das Aquarium im Schuhkarton

Messen Sie an beiden kurzen und einer langen Seite des Kartons ca. 1,5 cm vom Rand weg und ziehen Sie dort Linien. Schneiden Sie mit einem Cutter die Felder aus, sodass dort Fenster übrig bleiben. Schneiden Sie Folien passend zu und kleben Sie sie von innen hinter die Fenster. Das geht am besten mit Klebeband. Die Außenseite des Kartons malen die Kinder mit Acrylfarben an oder bekleben sie mit Papier.

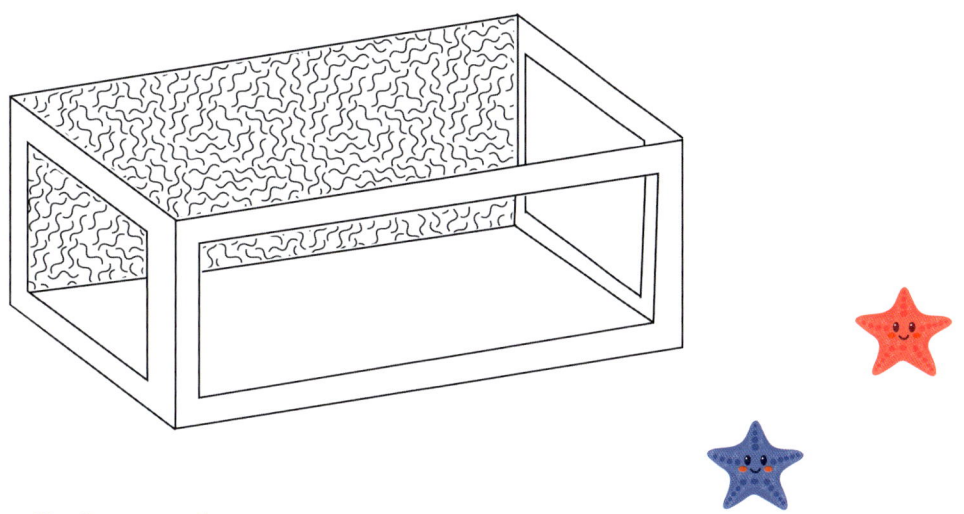

### Schritt 2: Bewohner für das Aquarium

Die Rückseite des Aquariums gestalten die Kinder mit Acrylfarben direkt im Schuhkarton. Hier können Pflanzen, Steinchen, Seesterne und natürlich das Wasser gemalt werden.

Die Kinder gestalten nun Fische, Schnecken und Pflanzen für das Aquarium. Sie können dafür die Vorlagen (M 9) benutzen, oder ganz frei auf Tonpapier zeichnen, ausschneiden und bemalen. Auch aus Knete oder FIMO können die Fische gebastelt werden.

Mit einem spitzen Stift oder einer Schere wird nun mittig oben ein Loch in jeden Fisch gebohrt, durch das ein Stück Schnur gezogen wird. Pflanzen können die Kinder mit Klebstift oder Klebeband im Gefäß ankleben.

Die Fische werden am Schluss am Deckel befestigt. Entweder kleben die Kinder die Schnurenden mit Klebeband fest oder sie stechen Löcher in den Deckel und ziehen die Schnurenden durch. So können sie den Deckel auf das Aquarium legen und die Höhe der Fische genauer bestimmen. Erst dann werden die Schnurenden festgeklebt. Damit es schöner aussieht, können die Kinder noch ein farbiges Tonpapier auf den Deckel kleben.

## Bildungsbereiche

- ☐ Soziales Lernen und Religion
- ☑ Kreativität und Musik
- ☐ Mathematik und Naturwissenschaft
- ☐ Sprache und Kommunikation
- ☐ Körper und Bewegung

## Tag 5 — Das ist mein Haustier

### Mitgeliefertes Material

✗ Meerschweinchen Alexander und seine Freunde – Haustier-Fingerspiele (M 2)

### Vorbereitung

Sprechen Sie mit den Eltern darüber, welche Haustiere in die Kita mitgebracht werden dürfen oder ob die Gruppe einen Besuch zu Hause abstatten darf, damit das Tier in seiner gewohnten Umgebung bleibt.

Besonders interessant ist es, wenn jemand Nutztiere hält, die ja auch zu den Haustieren gehören: Gänse, Schweine, Kühe, Hühner…

Fragen Sie nach, ob bei Kindern Tierallergien vorliegen und klären Sie ab, wie damit umgegangen werden soll.

Teilen Sie ein, wie viele Tiere an einem Tag vorgestellt werden sollen, und sprechen Sie sich mit den Eltern und Kindern darüber ab.

### Durchführung

#### Zu Besuch im Kindergarten

Besprechen Sie mit den Kindern schon zu Beginn des Projekts, dass sie ihr Haustier in der Kita vorstellen dürfen. Nach Absprache mit den Eltern wissen die Kinder (und Sie), welche Tiere in die Kita kommen werden und welche die Gruppe zu Hause besuchen wird. Alle anderen Tiere können von den Kindern mit Bildern, Videos und Erzählungen vorgestellt werden.

Die Gruppe kommt im Kreis zusammen und die Kinder stellen ihre Tiere vor. Das Kind erzählt nun, was es alles Wichtiges über das Tier zu berichten gibt. Natürlich darf das Kind auch nur persönliche Eindrücke über sein Tier erzählen – eben das, was es für wichtig hält – oder eine witzige Geschichte, die die beiden miteinander erlebt haben. Die Kinder der Gruppe stellen Fragen zu dem Tier, zur Haltung und Pflege usw. Wenn möglich, dürfen sie das Tier streicheln oder zusehen, wie es gefüttert wird. Kommt ein Hund zu Besuch, können die Kinder vielleicht gemeinsam Gassi gehen.

## Unser Tierlexikon

Nach dem Besuch der Haustiere können die Kinder noch an ihrem Tierlexikon weiterarbeiten.
Das Lexikon kann auch nach der Projektwoche immer weiter vervollständigt und vielleicht um
andere Tiere ergänzt werden: Bauernhoftiere, Zootiere, Waldtiere...

## Abschluss: Unsere Woche mit den Haustieren

Setzen Sie sich zum Abschluss der Projektwoche noch einmal mit den Kindern zusammen und
sprechen Sie gemeinsam über die Eindrücke aus diesem Projekt. Was hat den Kindern am besten
gefallen? Was haben sie gelernt? Wie fanden sie den Besuch im Tierheim?
Auch das Tierlexikon können sie jetzt zum Schluss noch einmal gemeinsam durchblättern.
Welche Tiere sind schon drin und welche fehlen vielleicht noch?

## Bildungsbereiche

- ☑ Soziales Lernen und Religion
- ☐ Kreativität und Musik
- ☐ Mathematik und Naturwissenschaft
- ☑ Sprache und Kommunikation
- ☐ Körper und Bewegung

# Unsere Haustiere

## Anschauungsbilder

# Unsere Haustiere
## Anschauungsbilder

# Unsere Haustiere

Anschauungsbilder

# Meerschweinchen Alexander und seine Freunde

## Haustier-Fingerspiele

### Fünf Hunde

| | |
|---|---|
| Fünf Hunde spielen im warmen Gras. | *(die Finger einer Hand bewegen sich)* |
| Die tollen herum und haben viel Spaß. | *(die Finger einer Hand bewegen sich)* |
| Der erste ist müde und legt sich hin. | *(den Daumen in die Handfläche klappen)* |
| Der zweite kuschelt sich neben ihn. | *(den Zeigefinger einklappen)* |
| Der dritte lässt sich am Bäuchlein kraulen. | *(den Mittelfinger kraulen und einklappen)* |
| Der vierte hat Lust zu bellen und jaulen. | *(kurz bellen oder jaulen und den Ring-finger einklappen)* |
| | |
| Der fünfte fragt: „Und was ist mit dir?" | *(den kleinen Finger vor dem Gesicht hin- und herbewegen)* |
| | |
| „Ich werfe ein Stöckchen, bringst du es mir?" | *(so tun als werfe man ein Stöckchen)* |

### Katze

| | |
|---|---|
| Die Katze schleicht sich langsam an | *(mit beiden Händen vor dem Körper wie Katzen schleichen)* |
| | |
| und legt sich auf die Lauer. | *(eine Hand über die Augen an die Stirn halten und schauen)* |
| | |
| Ein Vöglein fliegt zu ihr heran | *(mit den Armen wie mit Flügeln flattern)* |
| und landet auf der Mauer. | *(die Handflächen vor den Körper nehmen und flach nach außen streichen)* |
| | |
| Die Katze denkt: „Dich kriege ich!" | *(den Zeigefinger drohend zeigen)* |
| Der Vogel aber will das nicht. | *(den Zeigefinger hin- und herbewegen)* |
| Die Katze springt los, | *(beide Hände leicht gekrümmt, springen nach vorne)* |
| der Vogel fliegt weg. | *(mit den Armen wie mit Flügeln flattern)* |
| Er winkt mit den Flügeln, | *(mit beiden Händen winken)* |
| die Katze landet im Dreck. | *(beide Hände vor dem Körper halten und die Hand-rücken nach unten drehen)* |
| | |
| Sie fängt an zu lachen: „Ja, ei der Daus. | *(lachen)* |
| Das nächste Mal fang' ich lieber ´ne Maus." | *(beide Hände zusammenklatschen)* |

### Pieps, der Vogel

| | |
|---|---|
| Pieps, der Vogel ist nicht dumm. | *(den rechten Zeigefinger durch die Luft bewegen)* |
| Er landet hier, er landet dort, | *(verschiedene Stellen des linken Arms berühren)* |
| auch mal an einem anderen Ort. | |
| Er pickt sich Körner, das ist ein Fest, | *(mit dem rechten Zeigefinger in die linke Handfläche tippen)* |
| | |
| abends kuschelt er sich ins Nest. | *(mit der linken Handfläche den rechten Zeigefinger um-schließen)* |

# Meerschweinchen Alexander und seine Freunde

## Haustier-Fingerspiele

### Alexander, das Meerschweinchen

Fünf Meerschweinchen sitzen eng beieinander.
Das erste ist braun und heißt Alexander.
Das zweite hat ein weiches Fell.
Das dritte, das ist ganz schön schnell.
Das vierte frisst den ganzen Tag,
Das fünfte lieber schlafen mag.
*(nacheinander die Finger antippen)*

### Im Pferdestall

In meinem Stall, das müsst ihr sehen.                           *(eine Hand hin-und herbewegen)*
Fünf prächtige Pferde darin stehen.                             *(mit den Fingern wackeln)*
Das erste Pferd ist schwarz und groß,                           *(den Daumen antippen)*
es schnaubt einmal kräftig und läuft gleich los.
Das zweite rennt gleich hinterher,                              *(den Zeigefinger antippen)*
das dritte frisst Äpfel, die mag es so sehr.                    *(den Mittelfinger antippen)*
Das vierte Pferd ist ein kleines Pony,
es ist braun-weiß gefleckt und sein Name ist Conny.             *(den Daumen antippen)*
Das fünfte Pferd schaut nach rechts und nach links.            *(nach links und rechts schauen)*
Sieht die Pferdeäpfel liegen und schnaubt: „Hier stinkt´s!"    *(die Nase zuhalten)*

### Freddy Fisch

Freddy Fisch schwimmt durch den Fluss.                          *(beide Handflächen zusammenlegen und vom Körper wegbewegen)*

Ganz schnell, weil er nach Hause muss.                          *(schnelle Bewegungen)*
Noch einmal nach links, an der Muschel vorbei,                  *(zusammengelegte Handflächen nach links bewegen)*

dann steil nach unten – das klappt einwandfrei.                 *(Handflächen nach unten bewegen)*
Eine Kurve nach rechts, das muss auch noch sein.                *(Handflächen nach rechts bewegen)*
Da ist sein Zuhause, hinter dem großen Stein.                   *(mit beiden Händen einen Stein andeuten)*

Mama Fisch, die wartet schon auf ihr Kind.                      *(eine Hand küssen und die andere Hand anschließend darüberlegen)*
Sie küsst und umarmt ihr Fischlein geschwind.
„Freddy, hast du die Zeit vergessen?                            *(auf das Handgelenk tippen)*
Aber jetzt bist du da. Dann können wir essen."                  *(essen andeuten)*

# Die Katze
## Steckbrief

### Allgemeines
- Katzen sind meistens Einzelgänger.
- Es gibt sehr viele Arten von Katzen, von Kurzhaarrassen bis zu langhaarigen, kurzschwänzigen und welchen mit riesigen Augen.
- Katzenallergien sind weit verbreitet und müssen vor der Anschaffung einer Katze bedacht werden.
- Katzen werden ca. 12 bis 16 Jahre alt. Es gibt sogar Arten, die 20 Jahre alt werden können.
- Katzen schnurren, wenn sie sich wohlfühlen.

### Ernährung
- Katzen fressen Trockenfutter, Frischfutter aus Dosen oder selbst gekocht, rohes Fleisch, Mäuse, Vögel und auch mal Fische aus dem Nachbarteich.
- Wasser muss immer bereitstehen.

### Vermehrung
- Katzen bekommen ca. 2 bis 7 Jungtiere, die gesäugt werden und mindestens 8 Wochen bei der Mutter bleiben müssen, bevor sie allein leben können.

### Haltung als Haustiere
- Am liebsten wählen Katzen selbst, wann sie im Haus und wann sie draußen sein möchten (eine Katzenklappe als Tür ist dafür sehr praktisch).
- Katzen brauchen viel Auslauf. Wenn sie Wohnungskatzen sind, benötigen sie Spielmöglichkeiten und Spielpartner (Mensch und Tier).
- Im Haus brauchen Katzen eine Katzentoilette (Plastikwanne mit spezieller Streu), die täglich gereinigt werden muss. Wenn Katzen Freilauf haben, verrichten sie ihre Geschäfte am liebsten in frischer Gartenerde (gerne auch beim Nachbarn!).

### Beliebte Rassen
- getigerte Hauskatze
- Glückskatze (dreifarbige weibliche Katze)
- Angorakatze

# Der Hund
## Steckbrief

### Allgemeines
- Hunde sind Verwandte von Wolf und Fuchs.
- Hunde sind treue Begleiter, wenn man sie gut behandelt. Sie beschützen, kuscheln und spielen gern.
- Sie brauchen viel Bewegung, je nach Rasse müssen sie viel laufen und toben.
- Hunde können ca. 12 bis 16 Jahre alt werden.
- Manche Menschen sind allergisch auf Hundehaare bzw. die Hautschuppen der Tiere.
- Manche Hunde riechen stark, besonders, wenn ihr Fell feucht wird.
- Es gibt ca. 360 Hunderassen.

### Ernährung
- Fleisch (Frischfleisch gekocht oder aus Dosen), Trockenfutter, Wasser

### Vermehrung
- Eine Hündin bekommt pro Wurf zwischen 2 und 10 Welpen (hängt u. a. von der Rasse oder dem Alter ab), die gesäugt werden und ca. 8 bis 10 Wochen bei ihr bleiben sollen.

### Haltung als Haustiere
- Hunde sollen nicht ausschließlich in der Wohnung gehalten werden, auch kleine Hunde benötigen Auslauf im Freien.
- Wer nicht von Natur aus eine Autorität besitzt, die vom Hund erkannt wird, sollte mit dem Tier eine Hundeschule besuchen.
- Hundekot darf in Städten und Dörfern nicht liegen bleiben, man muss ihn in Tüten aufsammeln und im Restmüll entsorgen.
- Hunde müssen meist an einer Leine gehalten werden.

### Beliebte Rassen
- Golden Retriever
- Deutscher Schäferhund
- Labrador
- Mops
- Dackel
- Pudel

# Das Pferd
## Steckbrief

### Allgemeines
- Pferde gelten als sehr treue und liebevolle Begleiter.
- Pferde zu halten bedeutet, viel Geld und Zeit zu investieren.
- Die meisten Pferde werden gehalten, um mit ihnen auszureiten, sie als Dressur- oder auch als Kutschpferde zu nutzen.

### Ernährung
- Heu, Getreide, Gemüse, Obst, Wasser

### Vermehrung
- Stuten bekommen jeweils ein Fohlen, sehr selten auch mal Zwillinge.
- Ein Fohlen muss gleich nach der Geburt aufstehen, dann ist es stark und kann überleben.

### Haltung als Haustier
- Pferde brauchen einen Stall und viel Auslauf (Koppel).
- Sie sind Herdentiere und wollen nicht allein sein.
- Sie müssen täglich gefüttert werden und brauchen Auslauf und Pflege.
- Wird ein Pferd krank oder verletzt sich, kann das sehr hohe Tierarztkosten verursachen.
- Wer sein Pferd als Reittier nutzen will, muss wissen, wie er es zureitet, oder diese Aufgabe an andere abgeben. Das Pferd muss dann regelmäßig geritten werden.

### Beliebte Rassen
- Araber, Haflinger, Hannoveraner, Islandpferd, Shetlandpony

 Man muss sich nicht gleich ein eigenes Pferd zulegen. Sinnvoller ist es, eine Reitbeteiligungsmöglichkeit zu suchen, damit das Kind lernt, wie es mit einem Pferd umgehen und doch noch nicht die komplette Verantwortung übernehmen muss.

# Der Fisch
## Steckbrief

### Allgemeines
- Fische sind die ältesten Wirbeltiere (vor 450 Millionen Jahren entstanden) und es gibt mehr als 32 000 Arten.
- Sie leben im Wasser (Meer, Seen, Flüsse, Teiche, Bäche).
- Fische atmen durch ihre Kiemen (seitlich am Kopf).
- Sie bewegen sich mithilfe ihrer Flossen fort (lenken, bremsen, nach vorne schieben).
- Fische haben eine Schwimmblase, die sie im Wasser hält (sie gehen dadurch nicht unter). Nur Haie und Rochen haben keine Schwimmblase und müssen deshalb aktiv schwimmen, um sich im Wasser zu halten.

### Ernährung
- Plankton (winzige Lebewesen im Wasser)
- andere Fische und Meerestiere (Raubfische wie Hechte fressen kleinere Fische)

### Vermehrung
- Fische legen Eier (Laich).
- Die geschlüpften Fische müssen sich sofort selbst versorgen.
- Haie legen keine Eier, sondern bekommen kleine Haie.

### Haltung als Haustiere
- im Aquarium oder Teich
- Süßwasser oder Salzwasser, kalt oder warm
- mit Pflanzen ausgestattet (Sie müssen auch gepflegt werden!)
- technische Ausstattung nötig (Pumpe, Licht)
- Je nach Art und Größe ist häufige Reinigung des Gewässers nötig.

### Beliebte Arten
- Goldfische, Welse, Guppys

# Das Meerschweinchen
## Steckbrief

### Allgemeines
- Meerschweinchen gehören zur Gattung der Nager.
- Wilde Meerschweinchen gibt es bis heute in Südamerika.
- Meerschweinchen können bis zu 15 Jahre alt werden.
- Sie sind tagaktiv.
- Sie sind keine Kuscheltiere.

### Ernährung
- Täglich mindestens einmal füttern, sauberes Wasser muss immer vorhanden sein (Trinkflasche).
- Heu, Körner, Getreide, Grünzeug, Gemüse, Obst

### Vermehrung
- Meerschweinchen bekommen 3 bis 5 Jungtiere, die gesäugt werden und auch schon selbst Futter fressen. Sie sind anfangs nackt und blind.

### Haltung als Haustiere
- im Käfig mit sehr viel Freilauf, möglichst im Garten
- Der Käfig kann das ganze Jahr draußen stehen (an einer Hauswand/ Hausecke und vor Sonne und Frost geschützt).
- Meerschweinchen brauchen Gesellschaft (mindestens ein weiteres, besser mehrere). Ideal sind mehrere Weibchen gleichen Alters.
- Der Käfig muss mindestens einmal pro Woche gereinigt werden.
- Meerschweinchen brauchen Beschäftigungsmöglichkeiten! Ideal sind viele kleine und größere Herausforderungen wie Tunnel, Höhlen und Klettersteige sowie mehrere Freunde und natürlich der Mensch, der mit dem Tier spielt und es fordert.
- Weil sich die Krallen nicht natürlich abnutzen, müssen sie regelmäßig geschnitten werden.

### Beliebte Arten
- Rosettenmeerschweinchen (längere Haare mit lustigen Wirbeln)
- Glatthaarmeerschweinchen (kurze, glatte Haare)

# Der Vogel
## Steckbrief

### Allgemeines
- Es gibt ca. 10 000 Vogelarten, von Wasservögeln über Zugvögel und Singvögel bis zu Raubvögeln.
- Meist sind Vögel fröhliche Hausgenossen, sofern sie einen weiteren Vogel als Freund haben und ausreichend Freiflugmöglichkeiten vorhanden sind.
- Manche Vögel können sehr zahm werden und sogar sprechen lernen (Sittiche, Papageien).
- Vögel können sehr laut sein (vor allem Papageien und Nymphensittiche).
- Frei fliegende Vögel knabbern alles an (Kabel, Bücher, Vorhänge) und hinterlassen ihre Exkremente.

### Ernährung
- Körner, Früchte, Kleintiere, Fische, andere Vögel, Wasser

### Vermehrung
- Vögel legen Eier und brüten sie aus.
- Manche Vögel sind Nestflüchter, sie sind sehr schnell flügge. Andere sind Nesthocker, diese bleiben länger bei den Eltern und lassen sich verwöhnen.

### Haltung als Haustiere
- im Käfig (möglichst groß, eher breit als hoch), benötigen täglichen Freiflug
- Reinigung des Käfigs ist etwa alle zwei Tage nötig (je nach Art und Anzahl der Vögel).
- Sie brauchen Spielzeug und Bewegungsmöglichkeiten (Spiegel, Klettermöglichkeiten, Schaukel usw.).

### Beliebte Arten
- Wellensittich, Kanarienvogel, Nymphensittich

# Wir basteln ein Aquarium

Kopiervorlage

# Wir basteln ein Aquarium

Kopiervorlage

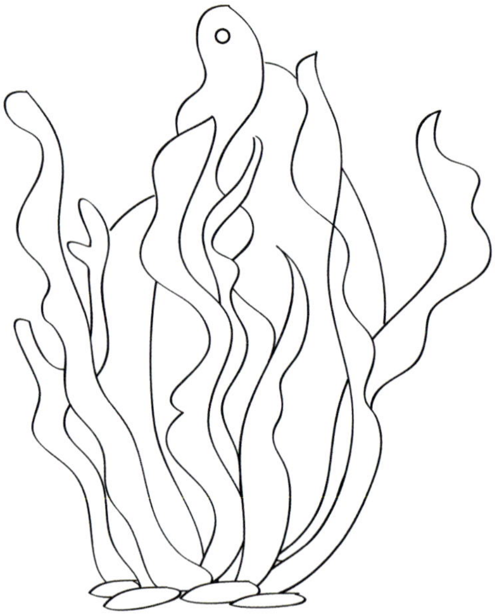

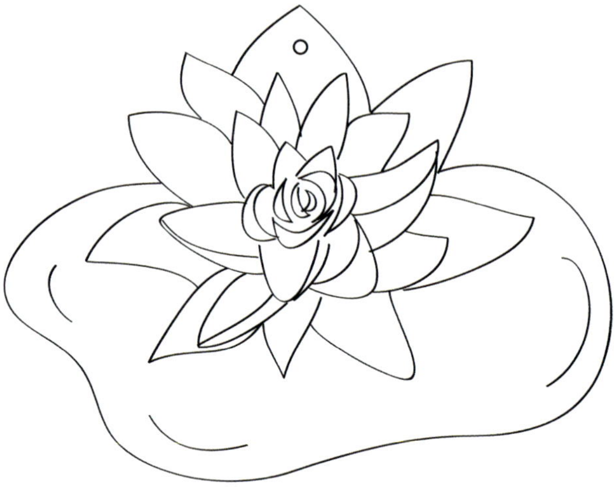

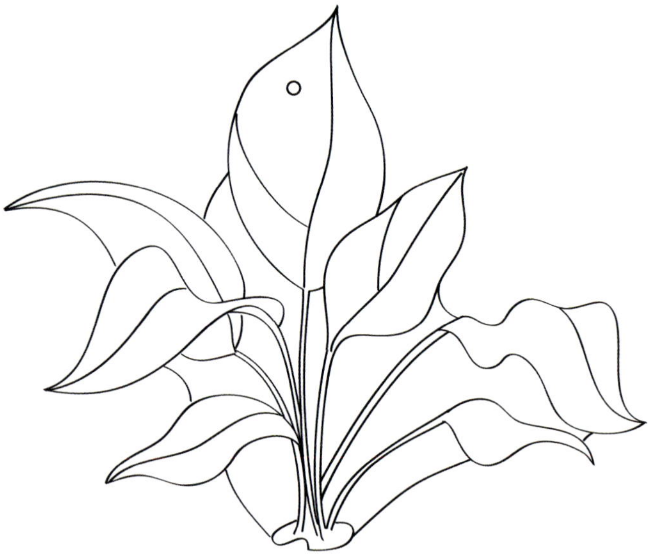

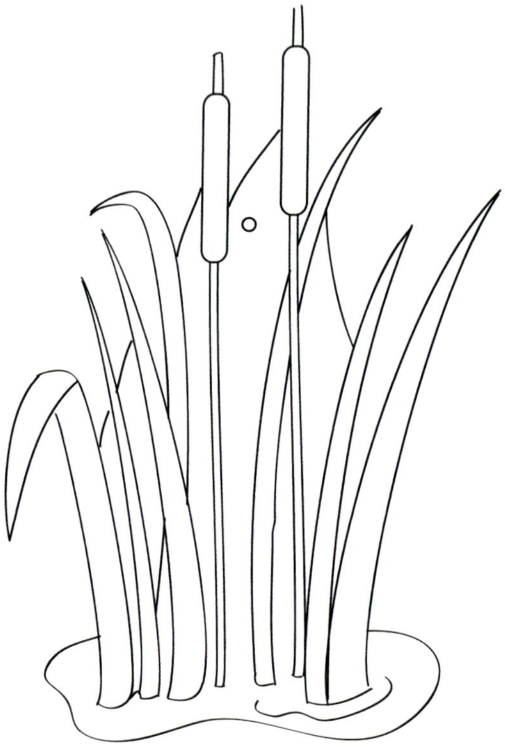

# Info für die Eltern
## Projekt „Tierisch was los!"

Liebe Eltern,
wir haben uns in den letzten Tagen im Rahmen unseres Projekts
**„Tierisch was los!"** mit Haustieren beschäftigt.

Die Kinder haben
- einiges über verschiedene **Haustiere** und ihre **Haltung erfahren**,
- ein lustiges **Bewegungsspiel** zum Thema Haustiere gespielt,
- ein **Tierheim** besucht, dabei viele Fragen gestellt und erfahren, wie es den Tieren dort geht,
- ein **Aquarium** aus Papier gestaltet,
- **eigene Haustiere vorgestellt** und die anderer Kinder kennengelernt.

Unsere erreichten Bildungsziele sind:
- **Kennenlernen** von verschiedenen **Haustieren**, vom **Umgang** mit ihnen erfahren
- **Tiere unterscheiden** lernen
- **Respekt** vor der **Verantwortung** haben, ein **Lebewesen** zu halten (zu ernähren, zu versorgen)
- **Steckbriefe** und **Bücher** über **Tiere** kennenlernen (Literacy),
- **Grobmotorik, Koordination** und **Schnelligkeit** trainieren
- ein **Tierheim kennenlernen**, mit dem **Personal** dort **sprechen** und das **Wissen** über die Haltung von Tieren **erweitern** (Kommunikationsfähigkeit)
- **Feinmotorik** trainieren und eine **Bastelanleitung** verstehen

Herzliche Grüße
Ihr Kindergartenteam

# Was habe ich gelernt?

## Meine Dokumentation in Bildern

Name des Kindes _____

Datum _____ Unterschrift der Erzieherin _____

### Ich kenne mich mit Haustieren aus!

In dieser Projektwoche haben wir verschiedene Haustiere kennengelernt:
Hund, Katze, Pferd, Fisch, Meerschweinchen und Vogel waren dabei.

# Summ, summ, summ, Bienchen summ herum

## Die Welt der Bienen entdecken

Wie viele Pollen braucht man eigentlich für ein Glas Honig? Ganz schön viele! In so eine Biene passt nämlich ziemlich wenig rein. Um einen Fingerhut zu füllen, müsste die Biene 60-mal ihren Honigmagen füllen. Für ein Glas Honig sind etwa 6 Millionen Blütenbesuche notwendig.

Ganz schön fleißig, diese Bienen! Und dabei produzieren sie nicht nur leckeren Honig, sondern sie tun uns Menschen noch einen viel größeren Gefallen: Sie bestäuben Pflanzen. Nur dadurch können wir reichlich Früchte ernten. Ein Grund mehr, in einer Projektwoche alles wichtige über Honig- und Wildbienen zu erfahren!

## Auf einen Blick

| | |
|---|---|
| **Alter** | 5 bis 6 Jahre |
| **Zeit** | 1 Woche, täglich 1 bis 2 Stunden |
| **Gruppe** | maximal 10 Kinder |
| **Ort** | Kita, Außengelände, Park oder Wiese |
| **Vorbereitung** | Materialien besorgen, Eltern informieren, Beobachtungsort finden |
| **Bildungsziele** | ✗ Tiere kennenlernen und respektieren |
| | ✗ sich der Zusammenhänge in der Natur bewusst werden |
| | ✗ Kompetenzen für das naturwissenschaftliche Forschen entwickeln |

## Projektplanung

Planen Sie dieses Projekt für eine Woche im Frühling, wenn viele Bienen unterwegs sind. Am ersten Tag beobachtet die Gruppe Bienen in der Natur. Wählen Sie dafür einen Platz im Außengelände der Kita oder in einem Park oder einer Wiese.

Erkunden Sie bereits vor Projektbeginn den Weg zum Beobachtungsort (Wiese oder Park) und halten Sie Ausschau nach Bienen und den von ihnen besuchten Blüten. Da Honigbienen blütenstet sind, werden sie einmal angeflogene Blüten auch wieder besuchen.

Informieren Sie die Eltern mit einem Elternbrief über Ihren kleinen Ausflug und klären Sie vor dem Ausflug, ob Allergien bestehen.

Nehmen Sie zu Ihrem Beobachtungsausflug ins Gelände auf jeden Fall Kühlpacks mit, falls eines der Kinder gestochen werden sollte. Besorgen Sie aus der Bibliothek Bücher über Honig- und Wildbienen, damit sie gemeinsam Erlebtes und Entdecktes nachvollziehen oder durch weitere Informationen ergänzen können.

## Portfolio-Tipp

Bitten Sie jedes Kind, das aufzumalen, was ihm während des Bienenprojekts am besten gefallen hat. Auch Fotos von der Projektwoche passen gut ins Portfolio.

## Wochenplan

### Tag 1
**Die Honigbiene**   Dauer: 2 Stunden
Honigbienen in der Natur beobachten, eine Klanggeschichte durchführen,
ein Bienen-Ausmalbild gestalten

### Tag 2
**Der Bienenstaat**   Dauer: 1 Stunde
die Bienenfamilie kennenlernen, ein Bewegungsspiel spielen

### Tag 3
**Bienen auf Futtersuche**   Dauer: 1 Stunde
etwas über die Ernährung von Bienen erfahren, ein Geschicklichkeitsspiel spielen

### Tag 4
**Rund um den Honig**   Dauer: 2 Stunden
Honig probieren, Rezepte mit Honig zubereiten

### Tag 5
**Die wilden Verwandten der Biene**   Dauer: 2 Stunden
über Wildbienen sprechen, eine Nisthilfe bauen und aufhängen

## Material

**M 1: Die Honigbiene**
Anschauungsbild ● Seite 84

**M 2: Eine Biene zum Ausmalen**
Kopiervorlage ● Seite 85

**M 3: Summ, summ, summ**
Klanggeschichte ● Seite 86

**M 4: Typen von Honigbienen**
Anschauungsbild ● Seite 87

**M 5: Alles über den Bienenstaat**
Info ● Seite 88

**M 6: Eine Biene auf Futtersuche**
Kopiervorlage ● Seite 90

**M 7: Alles über Honig**
Info ● Seite 91

**M 8: Honigleckereien**
Rezepte ● Seite 93

**M 9: Nisthilfen für Wildbienen**
Anleitung ● Seite 94

**M 10: Info für die Eltern** ● Seite 95

**M 11: Portfolio** ● Seite 96

## Tag 1 — Die Honigbiene

### Mitgeliefertes Material

✗ Die Honigbiene – Anschauungsbild (M 1)
✗ Eine Biene zum Ausmalen – Kopiervorlage (M 2)
✗ Summ, summ, summ – Klanggeschichte (M 3)

### Zusätzliches Material

✗ kalte Kühlkompressen
✗ Buntstifte für jedes Kind

### Vorbereitung

Suchen Sie im Außengelände der Kindertageseinrichtung oder auf einer nahe gelegenen Wiese einen Platz, an dem die Jungen und Mädchen Honigbienen beobachten können.
Die Beobachtung soll vor allem dazu dienen, sich den Honigbienen anzunähern und Ängste vor den Tieren abzubauen.
Befassen Sie sich dann mit dem Schaubild (M 1), das Sie vor der Beobachtung gemeinsam mit den Kindern ansehen und besprechen. Kopieren Sie das Ausmalbild (M 2) in der Anzahl der Kinder.

### Durchführung

#### Einstimmung: Summ, summ, summ

Zum Einstieg spielen Sie mit den Kindern die Klanggeschichte *Summ, summ, summ* (M 3).

#### Schritt 1: Das Bienenbild anschauen

Legen Sie das Schaubild M 1 bereit. Betrachten Sie es gemeinsam mit den Kindern.
Lassen Sie sie beschreiben, wie eine Biene aussieht.
Impulsfragen:
*Wie groß sind Bienen? Welche Farbe haben Bienen? Haben Bienen Fell, Haare etc.? Wie ist der Körper der Bienen aufgebaut? Haben Bienen Augen, Nase und Mund? Wo sind diese? Wie viele Beine haben Bienen? Wo befinden sie sich? Wie viele Flügel haben Bienen? Wo befinden sie sich? Wo ist der Stachel?*

Fassen Sie das Gesagte am Schluss noch einmal zusammen – oder lassen Sie es noch einmal von einem Kind zusammenfassen und ergänzen Sie es gemeinsam mit den anderen Kindern.

#### Schritt 2: Bienen im Außengelände beobachten

Gehen Sie dann mit den Kindern an den Ort, den sie für die Beobachtung der Bienen ausgewählt haben. Vergessen Sie nicht, die Kühlpacks mitzunehmen, für den Fall, dass ein Kind gestochen wird. Lassen Sie die Kinder die Bienen in Ruhe betrachten. Sorgen Sie dafür, dass es dabei nicht hektisch zugeht, weil sich die Bienen sonst bedroht fühlen und sich verteidigen wollen.

Impulsfragen:

*Könnt ihr die Körperteile erkennen? Könnt ihr alle vier Flügel sehen? Wie viele schwarze und wie viele gelbe Streifen hat der Hinterleib der Bienen? Wie saugen die Bienen den Nektar? Könnt ihr den Rüssel sehen? Könnt ihr den Stachel sehen?*

Nach der Beobachtung kehren Sie in die Einrichtung zurück. Lassen Sie die Kinder dann abschließend das Bild (M 2) ausmalen.

## GUT ZU WISSEN

Bienen gehören zu den **Insekten** und damit zu den **Gliedertieren**. Der **Körper** der Bienen besteht – wie bei allen Insekten – aus **drei Teilen**: Am Kopf sitzen die Augen, zwei Fühler, die als Nase dienen, und die Mundwerkzeuge, die aus zwei starken Kiefern und einem Rüssel bestehen. Mit dem **Rüssel** saugen die Bienen den Nektar ein.

Bienen haben zwei **Facettenaugen**, mit denen sie sehen, und drei kleine **Punktaugen**, mit denen sie hell und dunkel unterscheiden. Die Facettenaugen bestehen aus vielen kleinen Einzelaugen, mit denen sie gleichzeitig in mehrere Richtungen blicken können. An der Brust sitzen **zwei** hauchdünne **Flügelpaare** und **sechs Beine**. Der Hinterleib ist der größte Körperabschnitt der Bienen. Er ist **gelb-schwarz geringelt** und weist mehrere **Atemöffnungen** und einen **Giftstachel** auf. Nur Arbeitsbienen haben einen Stachel, die Königin und die Drohnen haben keinen. Die Körperbehaarung der Bienen nennt man **Pelz** – es handelt sich aber nicht um Fell! Es gibt drei verschiedene Typen von Bienen. Die Bienen, die wir normalerweise herumfliegen sehen, sind die Arbeiterinnen (weitere Informationen unter Tag 2, M 4 und M 5).

**Tipp**

Planen Sie einen Besuch beim Imker ein, damit die Kinder im direkten Kontakt mit den Tieren erfahren, wie die Honigbienen als Volk im Bienenstock zusammenleben. Sollte es keinen Imker in erreichbarer Nähe geben, können Sie auch ein Naturschutz- oder Umweltzentrum besuchen, in dem Honigbienen gehalten werden.

## Bildungsbereiche

- ☑ Soziales Lernen und Religion
- ☑ Kreativität und Musik
- ☑ Mathematik und Naturwissenschaft
- ☑ Sprache und Kommunikation
- ☐ Körper und Bewegung

## Tag 2 > Der Bienenstaat

### Mitgeliefertes Material
✗ Typen von Honigbienen – Anschauungsbild (M 4)
✗ Alles über den Bienenstaat – Info (M 5)

### Zusätzliches Material
✗ Filmdöschen mit Deckel in der Anzahl der Kinder
✗ Wattestücke oder Zellstofftaschentücher in der Anzahl der Kinder
✗ 2 Fläschchen ätherische Öle oder Duftöle, die sich im Geruch gut unterscheiden lassen,
  z. B. Apfel, Orange, Pfirsich, Minze, Ylang-Ylang, Zimt
✗ 1 kleiner Karton
✗ 1 Marker

### Vorbereitung
Legen Sie das Schaubild *Typen von Honigbienen* (M 4) bereit. Lesen Sie die Info (M 5) durch. Für das Bienenstaat-Spiel im Schritt 2 besorgen Sie ggf. im Fotofachgeschäft leere Filmdöschen mit Deckel in der Anzahl der Kinder. Geben Sie in die Filmdöschen jeweils ein Stück Watte oder ein Stück Zellstofftaschentuch – dieses soll als Duftträger dienen. Träufeln Sie in 8 der Filmdöschen ca. 2 bis 3 Tropfen von dem einen Öl, in die anderen 2 Filmdöschen das andere Öl (bei 10 Teilnehmern am Projekt). Kennzeichnen Sie diese auf der Unterseite mit einem Marker – die Markierung soll Ihnen helfen, beim Spiel die beiden Filmdöschen schnell in der Menge ausfindig zu machen. Verschließen Sie die Filmdöschen mit dem Deckel. Legen Sie alle 10 Filmdöschen in einen kleinen Karton.

### Durchführung
#### Schritt 1: Die Bienenfamilie
Fragen Sie die Kinder, wer alles zu einer Menschenfamilie gehört. Auch im Bienenstaat gibt es eine Mutter, die Töchter und Söhne: die Bienenkönigin, Arbeitsbienen und Drohnen. In jedem Bienenstock gibt nur eine einzige Königin. Nur die Königin kann Eier legen – sie ist somit die Mutter aller Arbeitsbienen und Drohnen. Die Arbeitsbienen und die Drohnen sind somit Brüder und Schwestern. Der Nachwuchs der Königin wird von den Arbeitsbienen aufgezogen und ernährt.

Betrachten Sie dann gemeinsam das Schaubild (M 4) und lassen Sie die Kinder beschreiben, worin sich Arbeitsbienen, Königin und Drohnen unterscheiden (Größe, Körperform).

Lassen Sie die Jungen und Mädchen das Gesagte am Ende noch einmal zusammenfassen. Ergänzen Sie die Nennungen der Kinder mit den Informationen aus der Bienenstock-Info (M 5).

### Schritt 2: Das Bienenstaat-Spiel

Gehen Sie mit den Kindern nach draußen. Erklären Sie den Jungen und Mädchen, dass sich Bienen am Geruch erkennen und so auch ihren Bienenstock finden. Als Nase dienen ihre Fühler. In diesem Spiel sind die Kinder Sammelbienen und Wächterbienen.

Die Sammlerinnen wollen ihren Nektar und die Pollen nach Hause bringen. Die Wächterinnen haben die Aufgabe, nur die Bienen, die zu ihrem Bienenvolk gehören, in den Bienenstock zu lassen. Anhand der Düfte in den Fotodöschen sollen sich die Wächterinnen und die Sammlerinnen erkennen.

Legen Sie zunächst fest, welche beiden Kinder die Wächterinnen sind und wo im Gelände der Bienenstock steht. Erklären Sie dann das Spiel:

> Ihr seid alle Honigbienen. Manche von euch gehören zum selben Bienenvolk, manche nicht. Das sollt ihr herausfinden. Ihr bekommt alle ein Filmdöschen, in dem sich ein Geruch befindet. Am Geruch könnt ihr erkennen, ob ihr zum selben Bienenvolk gehört. Haltet das Filmdöschen verschlossen in der Hand. Die beiden Wächterbienen werden gleich dort hinten stehen. Ihr fliegt umher, bis wir eure Namen aufrufen. Diejenigen, die genannt wurden, kehren zum Bienenstock zurück. Dort öffnet ihr das Filmdöschen und lasst die Wächterinnen daran riechen. Ihr dürft am Filmdöschen der Wächterinnen riechen und hinterher an eurem eigenen. Habt ihr denselben Geruch in den Filmdöschen, stellt ihr euch hinter die Wächterinnen. Ist der Geruch in den Filmdöschen unterschiedlich, stellt ihr euch rechts/links neben den Bienenstock.

Positionieren Sie dann die beiden Wächterinnen an einer Stelle im Gelände und geben Sie ihnen zuerst zwei nicht markierte Filmdöschen. Die Kinder öffnen das Döschen und schnuppern an ihrem Duft. Dann erhalten die anderen Kinder jeweils eines der übrigen 8 Filmdöschen. Das Spiel beginnt, indem Sie es mit der Aufforderung *„Alle Arbeitsbienen bringen Nektar nach Hause"* eröffnen. Die Kinder laufen umher, bis Sie – wie angekündigt – einzelne Namen aufrufen. Sind alle Bienen im Stock angekommen beziehungsweise von den Wächterinnen ausgeschlossen worden, beenden Sie das Spiel. Können die Jungen und Mädchen den Duft, der in den Filmdöschen ist, beschreiben? War der Vergleich leicht oder schwer? Im Anschluss können Sie das Spiel noch einmal mit anderen Wächterinnen wiederholen.

## Bildungsbereiche

- ☐ Soziales Lernen und Religion
- ☐ Kreativität und Musik
- ☑ Mathematik und Naturwissenschaft
- ☑ Sprache und Kommunikation
- ☑ Körper und Bewegung

# Tag 3 › Bienen auf Futtersuche

### Mitgeliefertes Material

✘ Die Honigbiene – Anschauungsbild (M 1)
✘ Eine Biene auf Futtersuche – Kopiervorlage (M 6)

### Zusätzliches Material

✘ 1 Stück Pappe in DIN-A4-Format
✘ Schere und Klebstoff
✘ 1 Untertasse
✘ 5 bis 10 größere Holz- oder Kunststoffperlen für jedes Kind

### Vorbereitung

Laminieren Sie die Vorlage (M 6) und schneiden Sie sie aus. Bohren Sie an den beiden markierten Stellen Löcher – und zwar so groß, dass Zeige- und Mittelfinger der Kinder dort hindurch passen.

### Durchführung

#### Schritt 1: Wie sammeln Bienen ihr Futter?

Setzen Sie sich mit den Kindern in einen Stuhlkreis und fragen Sie sie, ob sie wissen, was Bienen essen und wie sie ihr Futter sammeln. Zur Veranschaulichung können Sie das Schaubild M 1 verwenden. Dort ist der Rüssel zu erkennen. Erklären Sie den Kindern, wie die Pflanzen bestäubt werden, wenn die Bienen von Blüte zu Blüte fliegen (siehe Gut zu wissen-Kasten), und warum das für die Natur so wichtig ist.

## GUT ZU WISSEN

### Pollen

Bienen sammeln neben Nektar auch Pollen, die ihnen als Nahrung dienen. Sie kratzen die Pollen mit ihren Mundwerkzeugen aus den Blüten heraus. Transportiert werden die Pollen mit den sogenannten Körbchen (auch Höschen). Das sind muldenartige Vertiefungen, die sich an den Hinterbeinen befinden. Die Pollen sind dann an den Hinterbeinen der Bienen als kleine gelbe Klümpchen zu sehen.

### Bestäubung von Pflanzen

Weil beim Sammeln von Nektar auch immer Pollen am Körper der Bienen hängen bleiben, die sie in der nächsten Blüte wieder verlieren, helfen Bienen bei der Bestäubung der Pflanzen. Das ist wichtig, damit aus der Blüte eine Frucht heranwachsen kann. Mehr als die Hälfte unserer heimischen Pflanzenarten – hierzu zählen unter anderem Obstbäume – ist auf die Bestäubung durch Insekten angewiesen. Äpfel, Birnen und Kirschen wachsen ohne die Bestäubung durch Bienen nur kümmerlich. Honigbienen suchen immer wieder Blüten derselben Pflanzenart auf, solange diese Nahrung bieten. Durch diese Blütenstetigkeit erreichen die Pollen die richtigen Empfänger. Ein einziges Bienenvolk mit rund 20 000 Flugbienen kann pro Tag bis zu 3 Millionen Obstblüten bestäuben!

### Schritt 2: Das Futtersuche-Spiel

Mit dem folgenden Spiel können die Kinder nachvollziehen, wie Honigbienen Futter sammeln. Fordern Sie reihum ein Kind nach dem anderen auf, Zeige- und Mittelfinger durch die Löcher im Bauch der Biene zu stecken. Sitzt die Biene richtig fest auf der Hand, kann damit begonnen werden, Futter zu sammeln. Legen Sie 5 bis 10 Perlen auf die Untertasse. Jedes Kind versucht, die Perlen mit Zeige- und Mittelfinger von der Untertasse zu nehmen und auf den Tisch zu legen. Das klingt leichter, als es ist! So, wie sich die Kinder dabei anstrengen, kostet es auch die Bienen viel Kraft und Mühe, Pollen zu sammeln.

**Tipp**

Es können auch mehrere Kinder gleichzeitig das Spiel durchführen, wenn Sie mehrere Bienen und mehrere Futterplätze bereitstellen. Dafür sollten Sie die Vorlage M 6 in der Anzahl der Kinder kopieren und laminieren beziehungsweise auf Pappe kleben und ausschneiden.
Sie können auch Perlen unterschiedlicher Größe und Gefäße unterschiedlicher Tiefe verwenden, um die Kinder vergleichen zu lassen, wann es leichter und wann es schwerer ist, Perlen einzusammeln. So wird ihnen bewusst, dass sich auch bei den Bienen das Sammeln von Nektar und Pollen mal leichter und mal schwerer gestaltet, z. B. dann, wenn die Bienen ganz in eine Blüte hineinkriechen müssen.

Von der Blüte…

…in den Bienenstock

## Bildungsbereiche

- ☐ Soziales Lernen und Religion
- ☐ Kreativität und Musik
- ☑ Mathematik und Naturwissenschaft
- ☑ Sprache und Kommunikation
- ☑ Körper und Bewegung

# Tag 4 ❭ Rund um den Honig

## Mitgeliefertes Material
✗ Alles über Honig – Info (M 7)
✗ Honigleckereien – Rezepte (M 8)

## Zusätzliches Material
✗ 3 bis 4 Sorten Honig
✗ Teller
✗ Holzstäbchen in der Anzahl der Honigsorten
✗ die in den Rezepten (M 7) genannten Zutaten
✗ 3 bis 4 Löffel (jeweils einen pro Honigsorte) für jedes Kind

## Vorbereitung
Stellen Sie die im Rezept genannten Zutaten in der Küche bereit. Besorgen Sie 3 bis 4 Sorten Honig, die sich hinsichtlich Farbe, Geschmack und Konsistenz unterscheiden, z. B.:

| | Farbe | Konsistenz | Geschmack |
|---|---|---|---|
| **Akazienhonig** | sehr hell bis gelblich | flüssig | mild, zart |
| **Eukalyptushonig** | rotbraun | zähflüssig | würzig-herb |
| **Gebirgsblütenhonig** | goldgelb | flüssig | mild bis würzig |
| **Heidehonig** | dunkelgelb bis braun | geleeartig | herb |
| **Lindenhonig** | hellgelb | flüssig | aromatisch |
| **Rapshonig** | weiß bis gelb | cremig | würzig |
| **Tannenhonig** | dunkelbraun | zähflüssig | würzig-herb |
| **Waldhonig** | dunkel | zähflüssig | würzig-herb |

## Durchführung

### Schritt 1: Honigsorten probieren und untersuchen

Heute lernen die Kinder die Unterschiede verschiedener Honigsorten bezüglich Farbe, Geschmack und Konsistenz kennen.

Erst beschreiben die Kinder die Farbe. Hierbei lassen Sie die verschlossenen Honiggläser herumgehen. Was fällt den Kindern auf, wenn sie die Farben der Honigsorten vergleichen?

Danach sollen die Kinder die Konsistenz der Honigsorten beschreiben. Hierzu tauchen Sie ein Holzstäbchen in den Honig und ziehen es wieder heraus. Halten Sie das Stäbchen dann über einen leeren Teller, sodass der Honig darauftropfen kann. Lassen Sie die Kinder beschreiben, was sie sehen. Wiederholen Sie dies auch mit den anderen Honigsorten. Welche Unterschiede sehen die Kinder?

Abschließend sollen die Kinder die Honigsorten probieren. Lassen sie die Kinder reihum ihren Löffel kurz in eines der Honiggläser eintauchen und probieren. Wie schmeckt der Honig? Schmeckt er mild oder kräftig? Lassen Sie die Jungen und Mädchen wiederum beschreiben und Unterschiede erörtern. Dann ist die nächste Honigsorte dran. Erklären Sie den Kindern, dass sie immer einen neuen Löffel benutzen müssen.

In der Honig-Info (M 7) können die Kinder sehen, wie die Bienen den Honig herstellen und wie der Imker Honig aus den Waben gewinnt.

### Schritt 2: Honigleckereien backen

Backen Sie mit den Jungen und Mädchen die Butter-Honig-Kugeln beziehungsweise die Honig-Riegel wie im Rezept (M 8) beschrieben. Sobald die Leckereien fertig sind, können Sie die restlichen Kinder der Einrichtung zu einer Tasse Tee oder Kakao und Honiggebäck einladen. Die Projektteilnehmer helfen den Tisch zu decken. Sie können ihn passend zu Ihrem Projekt mit Bienen- und Blumenmotiven dekorieren.

## GUT ZU WISSEN

**Warum ist eine Honigsorte flüssig und eine andere fest?**
Honig enthält hauptsächlich Traubenzucker, Fruchtzucker und Wasser. Die Anteile sind je nach Sorte verschieden. Honig mit einem hohen Anteil an Traubenzucker wird schneller fest. Überwiegt der Fruchtzuckeranteil, kristallisiert der Honig nur sehr langsam bis gar nicht.

**Ist ein flüssiger Honig besser als ein fester?**
Nein, die Konsistenz hat keinen Einfluss auf die Qualität. Fast jeder Honig kristallisiert während der Einlagerung, das ist ein natürlicher Vorgang. Der Honig ist noch immer genießbar!

**Warum ist ein Honig hell, ein anderer dunkel?**
Jede Blütenart ergibt einen anderen Honig, die Farbe bestimmt die Pflanze. Helle Honigsorten schmecken mild und angenehm süß, dunkle Honige sind kräftiger im Geschmack und weniger süß

## Bildungsbereiche

☐ Soziales Lernen und Religion
☐ Kreativität und Musik
☑ Mathematik und Naturwissenschaft
☑ Sprache und Kommunikation
☑ Körper und Bewegung

## Tag 5 — Die wilden Verwandten der Honigbienen

**Mitgeliefertes Material**

✗ Nisthilfen für Wildbienen – Anleitung (M 9)

**Zusätzliches Material**

✗ die in M 9 genannten Materialien und Werkzeuge

**Vorbereitung**

Besorgen Sie die benötigten Baumaterialien und Werkzeuge für die Nisthilfen (M 9).

**Durchführung**

**Schritt 1: Die Wildbienen**

Erklären Sie den Kindern, dass es neben den Honigbienen noch viele weitere Arten von Bienen gibt. Die meisten Wildbienen leben allein, also nicht in Staaten wie die Honigbienen. Außerdem produzieren die Wildbienen keinen Honig. Sie ernähren sich aber von Nektar und Pollen.

### GUT ZU WISSEN

Es gibt insgesamt mehr als 20 000 Arten von Wildbienen, in Europa sind es über 500 Arten. Wildbienen produzieren keinen Honig, ernähren sich aber – so wie die Honigbienen – von Nektar und Pollen. Sehr verschieden sind die bevorzugten Nistplätze. 50 Prozent der Wildbienen nisten im Boden, 20 Prozent in Hohlräumen von Holz oder Gemäuer. Nur wenige nagen sich selbst Gänge in Pflanzenstängel oder bauen Behausungen aus Harz oder Lehm. Manche Wildbienen nutzen sogar leere Schneckenhäuser.

### Schritt 2: Wohnungen für Wildbienen bauen

Erklären Sie den Kindern, dass Wildbienen immer weniger Nistmöglichkeiten finden, also Orte, an denen sie ihre Eier ablegen und ihre Jungen großziehen können. Dadurch gibt es immer weniger Nachkommen und somit immer weniger Wildbienen. Das Überleben einiger Wildbienenarten ist bereits gefährdet. Man kann ihnen helfen, indem man ihnen Nistmöglichkeiten anbietet und Wohnungen für sie baut, was Sie jetzt gemeinsam tun werden. Verwenden Sie für den Bau der Nisthilfen die Bauanleitungen (M 9).

Sie können die fertigen Nisthilfen in einer abgelegenen Ecke des Außengeländes oder in einer nahe gelegenen Grünanlage aufhängen. Eine vor Regen und Wind geschützte Lage sowie in Richtung Südost oder Südwest sind vorteilhaft. Die Nisthilfen können Sie dann immer wieder besuchen, um zu sehen, ob sie von den Bienen auch angenommen werden. Die Kinder freuen sich dann besonders, wenn sie sehen, dass ihre Mühe Früchte getragen hat.

## Bildungsbereiche

- ☐ Soziales Lernen und Religion
- ☑ Kreativität und Musik
- ☑ Mathematik und Naturwissenschaft
- ☑ Sprache und Kommunikation
- ☐ Körper und Bewegung

M1

# Die Honigbiene

## Anschauungsbild

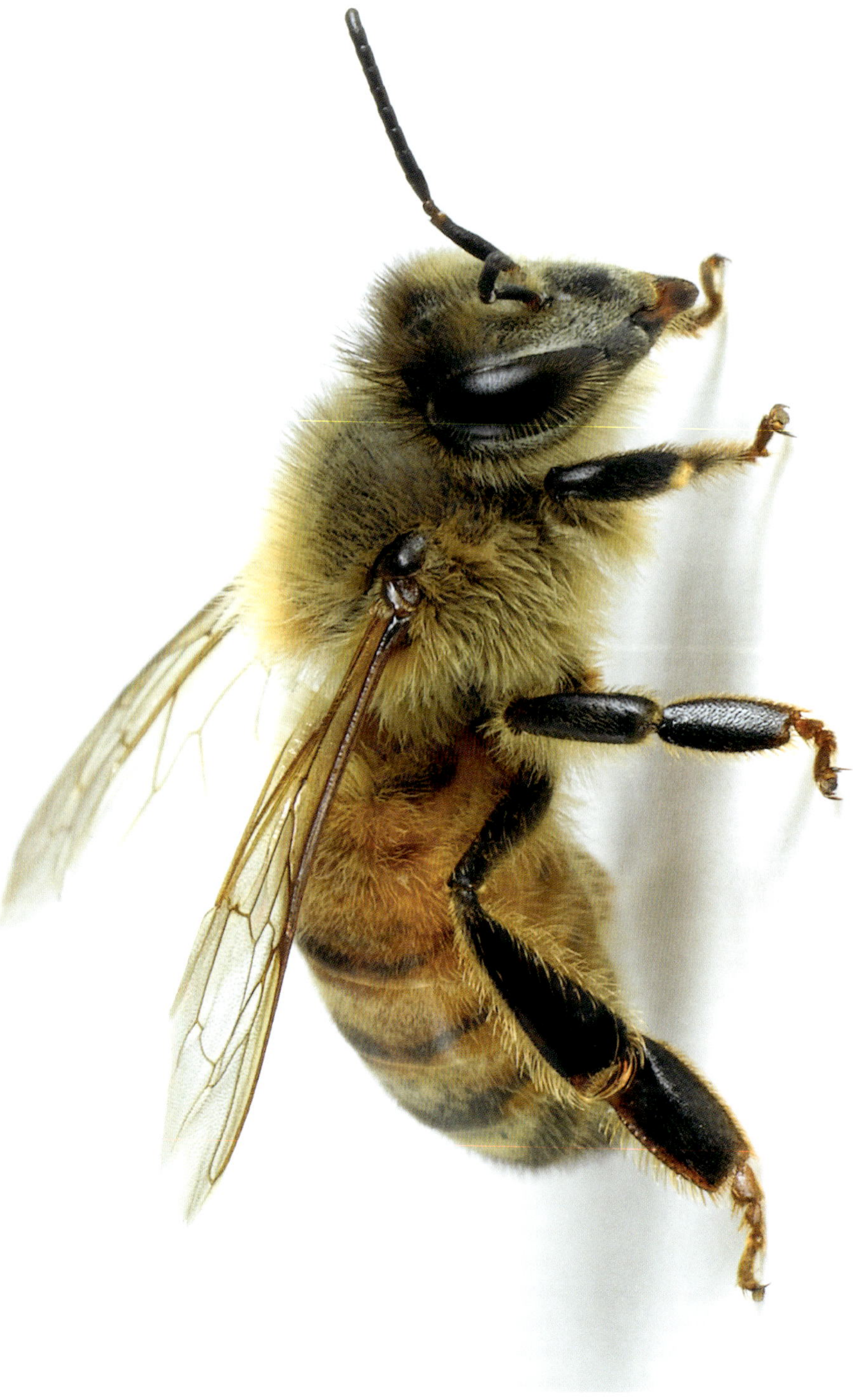

# Eine Biene zum Ausmalen
## Kopiervorlage

# Summ, summ, summ

## Klanggeschichte

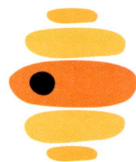

### 1

Summ, summ, summ,
ein Bienchen summt herum.
Lässt sich nieder, ruht sich aus,
fliegt dann ganz geschwind nach Haus.
Summ…

### 2

Brumm, brumm, brumm,
'ne Hummel brummt herum.
Lässt sich nieder, ruht sich aus,
fliegt geschwind wieder nach Haus.
Brumm …

### 3

Zisch, zisch, zisch,
die Wespe wundert sich.
Lässt sich nieder, ruht sich aus,
fliegt geschwind wieder nach Haus.
Zisch …

### 4

Sirr, sirr, sirr,
die Libelle landet hier.
Lässt sich nieder, ruht sich aus,
fliegt geschwind wieder nach Haus.
Sirr …

### 5

Leise, leise, leise,
eine Fliege ist auf der Reise.
Lässt sich nieder, ruht sich aus,
fliegt geschwind wieder nach Haus.
Leise …

**Und so geht's**

Dieses Klanglied können Sie zur Melodie des Kinderliedes *Summ, summ, summ, Bienchen, summ herum* singen. Zusätzlich können die Kinder das Lied mit den typischen Insektengeräuschen begleiten, indem sie für die Biene leise summen, bei der Hummel laut und dunkel brummen, bei der Wespe zischen … Oder die Kinder wählen für jedes Insekt ein Orff-Instrument aus und begleiten die Strophe damit.

# Typen von Honigbienen

## Anschauungsbild

Bienenkönigin

Arbeitsbiene

Drohne

# Alles über den Bienenstaat

## Info

### Das Bienenvolk

Honigbienen leben wie eine Familie in einem Bienenvolk – man sagt auch Bienenstaat. Einzeln können Honigbienen nicht überleben. Zur Bienenfamilie gehören: Die Königin als Mutter, circa 8 000 bis 40 000 Arbeiterinnen als Töchter und circa 500 bis 1 000 Drohnen als Söhne.

### Der Bienenstock

Das Heim, in dem die Honigbienen leben, nennt man Bienenstock. In den Sommermonaten leben in einem Bienenstock 50 000 bis 70 000 Bienen, in der kalten Jahreszeit überwintern darin etwa 20 000 bis 30 000 Bienen.
In einem Bienenstock hängen 7 bis 13 Waben nebeneinander. Die Waben werden von den Bienen selbst gebaut. Sie bestehen aus Wachs, den die Bienen aus ihren Wachsdrüsen, die sich am Hinterleib befinden, absondern. Waben sind sechseckig. In den Waben lagern die Bienen Honig und Pollen.

### Entwicklung der Bienen

In einige Zellen der Waben legt die Königin Eier. Nach 3 Tagen schlüpft aus dem Ei eine Larve. Die Larve muss ständig von einer Ammenbiene gefüttert werden. In den ersten 3 Tagen erhalten die Larven einen ganz speziellen Futtersaft, der auch Gelee Royal heißt. Nach 3 Tagen werden dem Futtersaft Honig und Blütenstaub beigemengt.
Die Larve wächst schnell. Nach 8 Tagen ist sie dann ausgewachsen. Nach 9 Tagen verschließen die Arbeitsbienen die Zellen der Larven mit einem Wachsdeckel. Im Inneren der Zelle spinnt sich die Larve nun zur Puppe ein. Königin, Arbeiterin und Drohne brauchen unterschiedlich lange, um von der dicken Made zum feingliedrigen Insekt heranzureifen: die Königin benötigt 16 Tage, die Arbeitsbienen 21 Tage, die Drohnen 24 Tage.

### Drohnen

Drohnen sind die männlichen Bienen. Sie sind 14 bis 18 Millimeter groß und werden nur wenige Wochen alt.
Drohnen haben riesige Augen und einen gerundeten Hinterleib. Sie besitzen keinen Saugrüssel und keinen Stachel, sodass sie sich nicht selbst ernähren und verteidigen können. Sie müssen von den Arbeitsbienen gefüttert werden.
Die Hauptaufgabe der Drohnen ist es, sich mit der Königin zu paaren. Ist das geschehen, sterben sie. Oder sie werden von den Arbeitsbienen aus dem Bienenstock geworfen, weil sie nur noch unnötige Esser sind. Da sie sich nicht selbst ernähren können, verhungern sie.

# Alles über den Bienenstaat

## Info

### Arbeitsbienen

Arbeitsbienen sind sterile Weibchen, d. h., sie können sich nicht fortpflanzen. Sie sind 12 bis 15 Millimeter groß.

Arbeitsbienen werden im Sommer 6 Wochen alt. Schlüpfen sie im Herbst, sodass sie überwintern, leben sie bis zu 5 Monate. Im Laufe ihres Lebens übernehmen Arbeitsbienen ihrem Alter entsprechend verschiedene Aufgaben:

Gleich nach dem Schlüpfen putzen die jungen Bienen die Zellen.

Nach 2 bis 3 Tagen beginnen sie mit der Pflege der Larven. Sie füttern zunächst die älteren Larven mit Pollen und Honig aus den Vorräten. Sobald ihre Futterdrüsen entwickelt sind, können sie als Ammenbienen die jüngeren Larven mit einem speziellen Futtersaft, dem Gelee Royal, versorgen. Außerdem übernehmen sie von den heimkehrenden Sammelbienen Nektar und Pollen, um ihn einzulagern.

Nach etwa 10 Tagen sind die Wachsdrüsen herangereift, sodass sie als Baubienen Waben bauen.

Wenn die Bienen 18 Tage alt sind, hat sich ihre Giftdrüse gefüllt, sodass sie als Wächterbienen am Flugloch die ankommenden Bienen überprüfen und Eindringlinge vertreiben. Zudem unternehmen sie erste kurze Orientierungsflüge, um sich die Umgebung einzuprägen.

Wenn die Bienen 21 Tage alt sind, fliegen sie in den letzten 3 Wochen ihres Lebens als Sammelbienen aus, um Nektar, Pollen, Wasser und Harz zu sammeln.

### Königin

In jedem Bienenstaat lebt nur eine einzige Königin. Eine Bienenkönigin ist 16 bis 20 Millimeter groß und hat einen langen, spitzen Hinterleib. Die Bienenkönigin wird 3 bis 5 Jahre alt.

Sie ist die Mutter aller anderen Bienen im Bienenstock und wird deshalb auch Stockmutter oder Weisel genannt. Nur die Königin kann Eier legen – und das tut sie ununterbrochen: etwa 1500 bis 2000 täglich.

Die Königin ist ständig von einem Hofstaat umgeben. Dieser besteht aus etwa 12 Arbeitsbienen, die die Königin füttern und ihren Kot abtransportieren. Die Königin verlässt den Bienenstock nur ein einziges Mal in ihrem Leben, und zwar, um sich mit den Drohnen zu paaren. Das macht sie auf dem Hochzeitsflug – und zwar mit vielen Drohnen nacheinander. Dabei erhält sie einen Samenvorrat, der das ganze Leben reicht. Erst bei der Eiablage bestimmt die Königin dann, ob das Ei befruchtet wird oder nicht. In einem Ei, das befruchtet wird, entwickelt sich eine weibliche Arbeitsbiene, in einem Ei, das unbefruchtet bleibt, die männliche Drohne.

# Alles über den Bienenstaat

Info

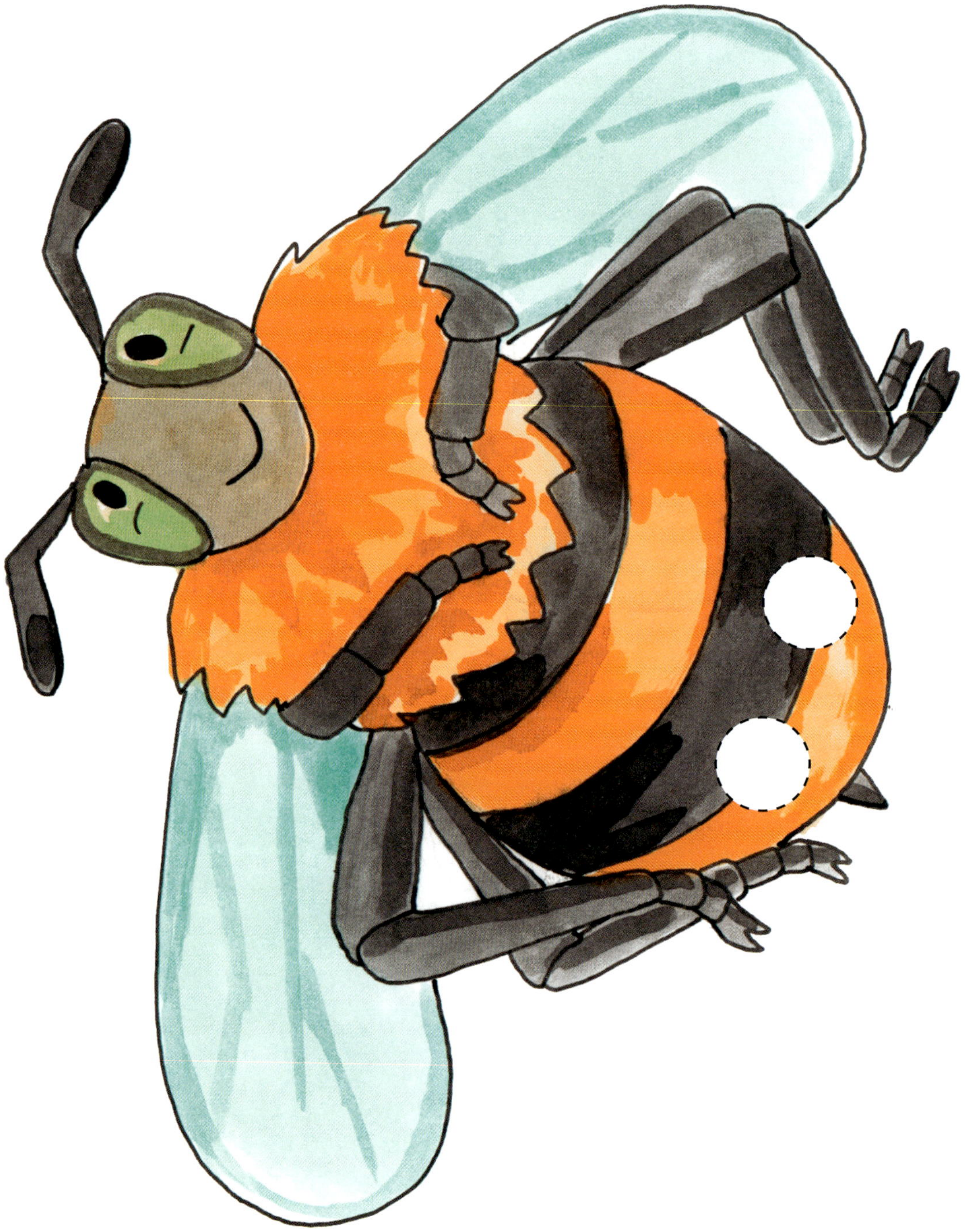

# Alles über Honig

## Info

### Was ist eigentlich Honig?

Aus dem zuckerhaltigen Saft der Blüten –
Nektar genannt – erzeugen Bienen Honig.

### Wie wird aus Nektar Honig?

Die Sammelbienen fliegen von Blüte zu Blüte
und saugen mit ihrem Rüssel den Nektar ein.
Bienen sind blütenstet, d. h., sie sammeln den
Nektar immer wieder in den Blüten ein und
derselben Pflanzenart. Alle Bienen aus einem
Bienenstock sammeln am selben Ort, weil sie
sich über die gefundene Futterquelle mit ihrer
speziellen Körpersprache, die man Schwänzel-
tanz nennt, verständigen. Sie teilen einander dadurch mit, wo sie den Nektar gefunden haben.

Die Biene saugt den Nektar
der Blüte ein.

In ihrem sogenannten Honigmagen transportie-
ren sie den Nektar in den Bienenstock, wo sie ihn
an die Bienen, die für das Einlagern zuständig
sind, übergeben. Diese Bienen wiederum geben
den Nektar untereinander weiter, von Mund zu
Mund, sodass der Nektar von Honigmagen zu
Honigmagen wandert. Hierdurch wird aus dem
Nektar ganz dünnflüssiger Honig, denn im Honigmagen werden dem Nektar bestimmte Stoffe zu-
gegeben, die ihn erst zu Honig werden lassen.
Sehr viele Bienen sind an diesem Vorgang betei-
ligt, ehe der Honig in die Waben eingefüllt wird.

Eine Wabe voll Honig

Damit der Honig die zähflüssige Form annimmt,
die wir kennen, wird er eingedickt. Das machen
die Bienen, indem sie auf den Zellen, in denen
sich der Honig befindet, hin- und herlaufen und
mit den Flügeln fächeln, d. h., sie schlagen sehr
schnell mit ihren Flügeln. So verdunstet das Wasser, das sich im Honig befindet. Ist der Honig zäh-
flüssig genug, werden die Zellen mit einem
Wachsdeckel verschlossen.

Die Bienen verstauen den Nektar sicher in den Waben.

# Alles über Honig

## Info

### Honiggewinnung beim Imker

Der Imker nimmt später die Waben aus dem Bienenstock heraus, öffnet die Wachsdeckel mit einer speziellen Gabel und holt den Honig mit einer Schleuder heraus.

Für ein Glas Honig müssen 30 000 Bienen arbeiten!

Der Imker entfernt den Wachsdeckel.

Die Waben werden geschleudert.

Zum Schluss wird der Honig ab-gefüllt.

# Honigleckereien
## Rezepte

### Butter-Honig-Kugeln

**Zutaten**
- 100 g Butter
- 125 g Honig
- 1 Vanilleschote
- 175 g Dinkel- oder Weizenmehl
- ½ TL Backpulver
- 170 g gehackte Mandeln
- 20 g Honig

**Was Sie sonst noch brauchen**
- 1 Messer
- 1 Schneidebrett
- 1 Kochtopf
- 1 Rührschüssel
- 2 Kochlöffel
- 1 Backblech mit Backpapier
- 1 Backpinsel

### Und so geht's

Die Vanilleschote der Länge nach aufschneiden und das Mark herauskratzen. Butter schmelzen und mit 125 g Honig und dem Mark der Vanilleschote gut verrühren. Das Mehl mit dem Backpulver und den gehackten Mandeln mischen und unter die Butter-Honig-Masse kneten. Aus dem Teig kleine Kugeln formen und auf ein mit Backpapier belegtes Backblech legen. Im vorgeheizten Backofen auf 180° Grad (Gas Stufe 2) ca. 15 Minuten backen. Noch heiß mit dem restlichen Honig bepinseln.

### Honig-Riegel

**Zutaten**
- 120 g Dinkel- oder Weizenmehl
- 300 g Haferflocken
- 200 g Honig
- 120 g Apfelmus (aus dem Glas, ohne Zucker)
- 100 g Rosinen
- 3 EL Sonnenblumenkerne

**Was Sie sonst noch brauchen**
- 1 Messer
- 1 Rührschüssel
- 1 Kochlöffel
- 1 Backblech mit Backpapier

### Und so geht's

Mehl, Haferflocken und Zimt mischen, Honig und Apfelmus zugeben und gut vermengen. Rosinen und Sonnenblumenkerne unterheben. Den Teig auf ein mit Backpapier ausgelegtes Backblech streichen und im vorgeheizten Backofen auf der mittleren Schiene bei 175 °C (Gas Stufe 2) circa 20 Minuten backen. Nach dem Abkühlen in 20 circa 2 cm x 4 cm große Streifen schneiden.

# Nisthilfen für Wildbienen
## Anleitung

### Baumscheibe
**Material**
- Baumscheibe
- Handbohrer
- 50 cm Draht und Nägel zum Aufhängen
- Hammer

Eine Baumscheibe, die als Nisthilfe für Wildbienen verwendet werden soll, muss mindestens 15 cm tief sein. Bohren Sie mit einem Handbohrer beliebig viele Löcher in die Baumscheibe. Die Löcher sollten einen Durchmesser von 2 bis 10 mm aufweisen (die meisten von ihnen sollten 5 bis 6 mm haben) und sauber sein. Die Bohrungen können von beiden Seiten erfolgen, dürfen aber nie ganz durch die Baumscheibe hindurchgehen.

Befestigen Sie mit Nägeln einen Draht an der Scheibe und hängen Sie sie an einen sonnigen, regengeschützten Platz, da sie immer trocken sein muss.

### Bambusröhrchen
**Material**
- Bündel Bambusröhrchen (in Baumärkten oder beim Gartenbedarf erhältlich)
- Handbohrer oder 1 Stück starker Draht (circa 30 cm)
- Abflussrohr (circa 20 cm)
- kleine Säge
- Watte
- Draht zum Aufhängen

Bambusröhrchen, die man als Nisthilfe für Wildbienen verwenden will, sollten circa 20 cm lang und sein und einen Innendurchmesser von 3 bis 9 mm aufweisen. Die Bambusröhrchen werden jeweils hinter den Knoten (Verdickungen) so abgesägt, dass das hintere Ende durch diesen Knoten einen natürlichen Abschluss hat, während das vordere Ende für den Nestbau zugänglich bleibt. Werden die Knoten ebenfalls abgesägt, muss das offene hintere Ende z. B. mit Watte verschlossen werden, damit der Gang völlig dunkel ist. Das Mark der Bambusröhrchen wird vom Eingang her mithilfe eines entsprechend langen Bohrers oder mithilfe eines stärkeren Drahtes ausgeräumt. Die Bambusröhrchen werden in ein Stück Abflussrohr als Bündel dicht gepackt und regensicher mit Draht im Außengelände aufgehängt. Notfalls kann man die Bündel auch ohne Ummantelung – fest zusammengeschnürt – an einem Pfosten anbringen.

# Info für die Eltern
## Projekt „Summ, summ, summ, Bienchen summ herum"

Liebe Eltern,
wir haben uns in den letzten Tagen im Rahmen unseres Projekts
**„Summm, summm, summm, Bienchen summ herum"** mit dem Leben der
Honigbienen beschäftigt.

Die Kinder haben
- sich mit dem **Aussehen** und dem **Körperbau der Honigbienen** befasst,
- die zu einem Volk gehörenden **Typen von Bienen** kennengelernt,
- Spiele zur **Futtersuche** und **Orientierung** der Bienen durchgeführt,
- sich mit der **Bedeutung der Honigbienen** für die Menschen, die Pflanzen und die Umwelt beschäftigt,
- wild lebende **Verwandte** der Honigbienen kennengelernt und mit dem Bau von **Nisthilfen** zu deren Schutz beigetragen.

Unsere erreichten Bildungsziele sind:
- **Sprach–** und **Kommunikationsförderung**
- **Gestaltungsfähigkeit** und Kreativität
- **Förderung sozialer Fähigkeiten**
- **Naturwissenschaftliches Verständnis**
- **Wahrnehmungsfähigkeit** und genaues **Beobachten**

Herzliche Grüße
Ihr Kindergartenteam

# Was habe ich gelernt?
## Meine Dokumentation in Bildern

Name des Kindes _____

Datum _____ Unterschrift der Erzieherin _____

### Ich kenne mich mit Bienen aus!

Ich habe an dem Projekt „Summ, summ, summ, Bienchen summ herum" im Kindergarten teilgenommen und viel über Honigbienen gelernt. Hier zeichne ich, was mir beim Bienenprojekt am besten gefallen hat.